本书由以下项目共同资助：

教育部人文社会科学重点研究基地重庆工商大学长江上

"三峡库区百万移民安稳致富国家战略"服务国家特殊需

U0611613

许 岩 ● 著

ZHONGGUO CHENGSHI
RENLIZIBEN WAIBUXING JIQI
YINGXIANG YINSU YANJIU

中国城市
人力资本外部性及其
影响因素研究

中国财经出版传媒集团

经济科学出版社

Economic Science Press

图书在版编目（CIP）数据

中国城市人力资本外部性及其影响因素研究／许岩著.
—北京：经济科学出版社，2019.7
ISBN 978 - 7 - 5218 - 0703 - 5

Ⅰ.①中…　Ⅱ.①许…　Ⅲ.①城市 - 人力资本 -
研究 - 中国　Ⅳ.①F249.21

中国版本图书馆 CIP 数据核字（2019）第 144086 号

责任编辑：周胜婷
责任校对：郑淑艳
责任印制：邱　天

中国城市人力资本外部性及其影响因素研究
许　岩　著
经济科学出版社出版、发行　新华书店经销
社址：北京市海淀区阜成路甲 28 号　邮编：100142
总编部电话：010 - 88191217　发行部电话：010 - 88191522
网址：www. esp. com. cn
电子邮件：esp@ esp. com. cn
天猫网店：经济科学出版社旗舰店
网址：http://jjkxcbs. tmall. com
北京时捷印刷有限公司印刷
710 × 1000　16 开　10.5 印张　200000 字
2019 年 7 月第 1 版　2019 年 7 月第 1 次印刷
ISBN 978 - 7 - 5218 - 0703 - 5　定价：48.00 元
（图书出现印装问题，本社负责调换。电话：010 - 88191510）
（版权所有　侵权必究　打击盗版　举报热线：010 - 88191661
QQ：2242791300　营销中心电话：010 - 88191537
电子邮箱：dbts@ esp. com. cn）

前　言

在城市经济学领域，人力资本外部性一直被视作城市集聚及城市高生产力的重要推动力量，在整个城市经济学的理论体系中占有举足轻重的地位，同时也是近十几年来城市经济学家所关注的热点问题。但从整体上来看，目前有关城市人力资本外部性的经验性研究与其传统的逻辑重要性还很不相称。而基于中国经验的研究则更是寥若晨星。近年来，中国正处在努力推进"以人为核心"的新型城镇化的重要历史阶段，城市人口以及人力资本的加速集聚将是未来城市发展的主旋律。在这一过程中，如何充分发挥人的作用、实现人的价值，使城市发展的成果为广大城市居民所共享是一个既影响效率又关乎公平的重要命题。作为推动城市发展、塑造城市经济结构的一股基础性力量，人力资本的外部效应无疑将影响到每一位城市劳动者的价值创造效率以及其分享城市发展成果的能力。在城市人力资本的外部效应没有被适当评估的前提下，任何旨在强调人力资本集聚及其外部性福利后果的政策，都将很可能带来不确定的政策效应。在这一背景下，针对城市人力资本外部效应的研究与探索，对于中国经济来说无疑有着非常重要的理论意义与现实价值。

基于上述考虑，本书研究的主要内容致力于回答以下三大问题：（1）近年来，中国城市所发生的人力资本集聚有没有形成显著的人力资本外部效应？（2）中国城市人力资本外部效应在不同地区，对不同劳动群体的影响是否是同质的？有没有"普惠"式地使不同地区和群体的劳动者受益？（3）如果人力资本外部效应在不同地区和劳动群体间存在着结构性的差异，那么引发这种差异的原因又是什么？因此，本书在对有关文献进行系统梳理的基础上，通过将中国家庭收入调查（CHIP）的个人微观数据与手工搜集的城市层面数据相结合，并综合利用最小二乘回归、两阶段最小二乘回归、分位数回归与门槛效应回归等多种实证方法对上述三大问题进行了考察。并得到以下主要结论：

第一，本书利用 CHIP2013、CHIP2007、CHIP2002 的城市人口调查数据对中国城市人力资本外部性平均强度的观测结果发现，在控制了个人特质与城市特征，并使用工具变量进一步克服内生性问题的条件下，我们观测到了显著的城市人力资本外部性。在排除了粘性工资等潜在问题的影响后，这一结论依然是稳健的。同时，分时间与分地区的估计结果进一步显示，中国城市人力资本的外部效应在不同的时空上表现出了显著的差异。而针对人力资本外部性微观机制的实证结果表明，中国城市人力资本外部性主要是通过 Jacbos 外部性与"劳动力池"效应两个途径得以实现，MAR 外部性的贡献较弱。

第二，中国城市人力资本外部性的红利并没有"普惠"式地使不同收入阶层的劳动者受益。本书利用 CHIP2013 数据的分位数回归结果显示，城市人力资本的外部效应在不同收入群体间并不是均衡分布的，而表现出了巨大的结构性分化。基于户籍人口的实证结果说明，收入水平越高，人力资本的外部性越强，工资收入最高 10% 阶层的城市人力资本工资溢价是工资收入最低 10% 阶层的 4 倍左右。而不同收入劳动者在个人素质、工作行业上的差异，以及各种制度壁垒所形成的劳动力市场分割是造成人力资本外部效应出现收入阶层分化的重要诱因。虽然在考虑到劳动力间不完全替代效应对城市流动人口的影响后，低收入群体的获益能力有所增强，但是并不能从根本上改变城市人力资本外部性对高收入群体更有利的基本趋势。

第三，城市规模是人力资本外部性的重要条件约束，在不同的城市规模下人力资本外部性的形成机制有着显著的差异。本书利用 CHIP2013 数据的门槛效应回归结果显示，从总体上来看，随着城市规模的扩大，城市人力资本外部性确实表现出了逐步增强的趋势。但从产业异质性的角度来看，以上趋势主要是通过第三产业人力资本外部性的增强来推动的，第二产业的人力资本外部性不仅没有随着城市规模的扩大而增强，反而逐渐减小。而从人力资本外部性的三种微观机制来看，城市规模与多数微观机制间也没有像传统城市经济学理论预期的那样表现出城市规模越大外部性越强的简单趋势。

　　第四，人力资本的外部效应并不是天然可以发挥作用的，而必须依赖于制度环境的建设，特别是市场经济体制的发展和完善。本书运用 CHIP2013 微观数据的实证结果发现，城市人力资本与市场化指数交互项的回归系数显著为正，且在考虑到城市规模、劳动力素质的潜在影响后，这一观测结果始终是稳定的，这表明城市人力资本外部性受到市场化进程的显著影响，随着市场化指数的提高，城市人力资本外部性有明显的增强趋势。而保护劳动力私有产权、提高劳动力流动性、增强劳动力竞争是市场化影响人力资本外部性的主要途径。

目　　录

1 绪　论

1.1　研究背景

　　自 20 世纪 60 年代舒尔茨（Schultz，1961）系统地提出人力资本的概念以来，人力资本对经济发展的重要意义就一再被理论界所强调。人是一切生产要素的核心载体，对于发展中国家来说人力资本对中长期经济增长的意义则尤为关键。发展中国家缺乏资本和技术都可以通过引进外资和技术转让的方式来解决，但却无法通过从国外大量引进技术工人和专业管理人员在短期内提高地区的人力资本水平，这使得先进技术的采用成为一个"昂贵而又复杂的过程"（Nelson & Phelps，1966）。特别是在发展中国家致力于技术结构快速攀升的情况下，他们将离开业已成熟的技术领域，向更前沿、不成熟、资本更密集的技术靠拢，风险和不确定性将增加。而人力资本能够提高工人及管理人员应对不确定性以及对前沿技术进行改造以适应本国环境的能力（林毅夫，2012）。

　　目前，中国经济正处于经济增速换档期、产业结构调整期、前期刺激政策消化期"三期叠加"的关键历史阶段。对于面临"人口红利"消失以及物质资本投资边际报酬递减等多重压力的中国经济来说，实现以人力资本为核心的全要素生产率驱动型的经济增长将是未来的必然出路（蔡昉，2013）。然而，当我们以历史的维度来审视改革开放以来各生产要素对中国经济增长的贡献时却会忧心地发现，20 世纪 90 年代以来全要素生产率对中国经济增长的贡献处于下降的通道之上，如图 1.1 所示（中国经济增长前沿课题组，2014；吴振球、王建军等，2014）。与此同时，全要素生产率的增速也出现了显著的

1

回落，并长期在低位徘徊。因此，如何实现人力资本驱动型的经济增长将是未来中国经济所面临的一项重要挑战。

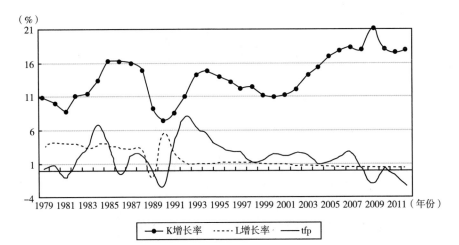

图 1.1　中国经济增长因素的变动趋势

资料来源：中国经济增长前沿课题组. 中国经济增长的低效率冲击与减速治理［J］. 经济研究，2014（12）。

卢卡斯（Lucas）在"On the Mechanics of Economic Development"一文中进一步把人力资本对经济增长的作用划分为内部效应（internal effect）与外部效应（external effect）两个方面，并将人力资本的外部效应作为经济增长的主要引擎纳入内生经济增长模型，以刻画规模收益递增条件下的经济增长，并以此解释了发达国家和不发达国家之间长期的收入差距（Lucas，1988）。

而城市经济学更是将人力资本的外部性看作是城市集聚及城市高生产力的重要成因（Lucas，2001；Duranton，2004）。同时，以莫雷蒂和格莱泽（Moretti & Glaeser）为代表的劳动经济学家与城市经济学家，开始越来越重视由于人力资本空间集聚所形成的外部效应对城市发展及居民生活所造成的影响。大量的城市经济学文献表明，城市人力资本所产生的社会化收益要远远高于教育所形成的个人收益（Moretti，2004a；Liu，2007）。格莱泽等（2014）通过建立一个理论模型论证了地区人力资本对城市繁荣的影响，他们认为美国不同城市间发展水平的差异主要源于城市人力资本的差异。但是，由于外部效应是一个抽象的经济学概念，人们无法直接观测到劳动者的知识、经验是怎样在城市的楼宇间传播和渗透的，这就给人们研究和分析城市人力资本外部效应带来了极大的挑战。人力资本外部性的测量作为一项基础性的工作，长期以来一直没有取得一致性的研究结论。不同国家之间，甚至不同国家在不同的时间上，对城市人力资本外部性的测量结果都存在着巨大的差异。甚至连卢卡斯本人都曾经不无悲观地指出：尽管我们能意识到人力资本外部性的确会起作用，但这种外部效应在很大程度上是不可观察的。虽然，近年来对人力资本外部效应的实证检验取得了较大的进展，部分经验性研究确实捕捉到了城市人力资本外部性存在的证据（Acemoglu & Angrist，2000；Moretti，2004a；Liu，2007；Glaeser & Lu，2013；Glaeser et al.，2014），但在总体上，有关城市人力资本外部性的经验性研究还与其传统的逻辑重要性很不相称。在一些基础性问题上，目前的研究成果还远非细致与完善，而基于中国经验的研究则更是寥若晨星。

1.2　研究意义

1.2.1　理论意义

本书的理论价值主要体现在以下两个方面：

（1）与发达国家相比，以中国的经验数据来对城市人力资本外部性进行测量具有更为天然的优势。由于近40年来，整体经济的高速发展以及地区间巨大的经济发展差异，使得中国人力资本的分布不论在空间上还是在时间上都表现出更大的变异，这就为更精确地观察人力资本的外部效应提供了一个更为适宜的数据库。

（2）作为最大的发展中国家，中国在社会经济环境上与西方发达国家有着巨大的差异，特别是在影响人力资本外部性形成的市场制度、城市发展等方面都与西方国家面对着迥然不同的约束条件。本书以中国改革开放以来经济转型的经验为基础，分析和讨论这些因素对人力资本外部效应造成的影响，为进一步分析人力资本外部效应存在普遍且巨大差异的源起提供更多的理论切入点。

1.2.2 现实意义

针对城市人力资本外部效应的研究与探索，对于中国经济来说有着更为重要的现实价值。从 20 世纪 90 年代末开始，中国同时出现了两个值得高度关注的经济过程。第一个经济过程是 1999 年开始的高等教育扩招，1998 年全国高校的录取人数为 108 万人，而到 2013 年全国高校录取人数已经突破 700 万人，短短 15 年间招生规模增长了近 6 倍①。第二个经济过程是，几乎与高校"扩招"同时，中国开启了世界经济史上都少见的高速城市化进程，城市化率从 1999 年的 30.89%，陡然升至 2015 年的 56.1%②。在以上两个经济过程的共同作用下，中国城市部门出现了以新增大学毕业生以及农村高素质人口为主要力量的人力资本集聚。2015 年的《中国人力资本报告》显示，城镇劳动力人口中大专及以上受教育人口占比从 1999 年的 11.16%，增长至 2012 年的 23.58%（李海铮等，2015）。在这一过程中，如何充分发挥人的作用、实现人的价值，使城市发展的成果为广大城市居民所共享是一个既影响效率又关乎公平的重要命题。而作为推动城市发展、塑造城市经济结构的一股基础性力量，人力资本的外部效应无疑将影响到每一位城市劳动者的价值创造效率以及其分享城市发展成果的能力。在城市人力资本的外部效应没有被适当评估的前提下，任何旨在强调人力资本集聚及其外部性福利后果的政策，都将很可能带来不确定的政策效应。

这就使得我们需要对以下几个关键的问题进行思考：

（1）近年来，中国城市发生的人力资本集聚有没有形成显著的人力资本外部效应？

（2）中国城市人力资本外部效应对不同劳动群体，在不同地区的影响是否是同质的？有没有"普惠"式地使不同群体和地区的劳动者受益？

---

① 高校录取人数的数据均来历年《中国教育统计年鉴》。
② 城市化水平的最新数据来源于国家统计局发布的《2015 年国民经济与社会发展统计公报》，参见 http://www.stats.gov.cn/tjsj/zxfb/201602/t20160229_1323991.html。

（3）如果人力资本外部效应在不同劳动群体和地区间存在着结构性的差异，那么引发这种差异的原因又是什么？

因此，本书将尝试通过对中国城市人力资本外部效应的考察来回答以上问题。这些问题的答案，不仅有助于从人力资本的角度进一步挖掘促进中国城市发展的潜在动力，同时，也有助于寻找和克服制约人力资本外部效应发挥作用的制度因素，这对于"人口红利"面临消失、物质资本投资边际报酬递减、经济发展将不可避免地更多依靠人力资本和技术创新的中国经济来说具有更加重要的现实意义。

1.3　主要研究内容及技术路线

本书的主要内容共分为 8 章，每一章的大致安排如下：

第 1 章是绪论，主要是对本书的研究背景、研究意义、研究思路、研究内容、研究方法、研究的主要创新点进行系统的阐述，以期对本书的逻辑框架进行简单的概括。

第 2 章是理论基础：基于文献的回顾。该章在对人力资本外部效应的内涵、形成机制及表现形式进行介绍的前提下，系统回顾国内外文献关于人力资本外部效应测量的理论基础以及在这一基础之上所衍生出的三种关于人力资本外部性的测量策略（工资溢价、租金溢价、企业生产率）。并在对各个测量策略已有文献进行评述的基础上提出本书的人力资本外部效应测量框架，从而为后面的实证分析奠定夯实的基础。

第 3 章是中国人力资本的空间集聚特征。作为研究人力资本外部性的一个逻辑起点，该章共包括三个小节。第一小节是中国省级人力资本的空间分布。第二小节是中国人力资本与物质资本的匹配情况及其时空演变。第三小节是中国城市人力资本的空间集聚特征。

第 4 章是中国城市人力资本外部性的测量及其异质性时空分布。该章在莫雷蒂（2004c）比较静态分析的基础上，通过建立一个两部门一般均衡模型刻画了从城市人力资本工资溢价的角度来进行人力资本外部性考察的实证策略。并进一步利用 2013 年 122 个城市的 CHIPS 城镇人口调查的微观数据与城市层面的中观数据分别通过最小二乘估计（OLS）与两阶段最小二乘回归（2SLS）对中国城市人力资本的总体外部性强度进行了估计，并对其在不同时间与不同空间上的演进趋势进行了分析。此外，本章还考察了人力资本外部性的三种微观机制（MAR 外部性、Jacobs 外部性与"劳动力池"效应），以此来观察中国城市人力资本外部性主要是通过何种机制形成的。

第 5 章是中国城市人力资本外部性的收入阶层分布。该章主要考察城市人力资本外部性在不同劳动群体间有可能存在的结构性差异。通过工具变量分位数回归，该章分析了人力资本外部效应在不同收入群体间的异质性分布，揭示了人力资本外部效应在中国城市不同收入群体间的分布规律。并从个人学习能力、行业特征、城市劳动市场的制度性分割以及劳动力间的不完全替代效应四个方面，分析了城市人力资本外部效应在不同收入阶层出现结构性分化的原因。

第 6 章是城市规模与人力资本外部性。该章主要考察城市规模对人力资本外部性的影响。虽然，按照城市经济学的传统逻辑，随着城市规模的扩大，人力资本的外部效应也会随之提高。但事实上，随着城市规模的扩大，某些抑制人力资本外部性形成的因素也在不断地积累。综上，本书认为城市规模对人力资本外部性的影响可能是非线性的。因此，该章利用截面数据的门槛效应回归模型，以城市人口作为城市规模的观测变量，在非线性条件下考察了不同城市规模条件下城市人力资本外部性的变化情况。此外，该章还考察了城市规模对不同产业的人力资本外部性以及不同人力资本外部性微观机制的影响。这些考察将有助于我们理解城市产业结构演进背后的推动性力量。

第 7 章是市场化与人力资本外部性。该章主要考察市场化改革对人力资本外部性形成的影响。沿着阿西莫格鲁提供的思想线索，该章通过对中国市场化进程的回顾，从人力资本产权、劳动力流动与劳动力竞争三个角度勾勒出了市场化与人力资本外部效应之间的逻辑链条，同时，构建并手工计算了中国城市劳动力市场的市场化指数，并在这一基础上运用 CHIP2013 的城市住户调查数据实证考察了市场化对城市人力资本外部性的影响。最后，该章还进一步给出了市场化影响人力资本外部性各主要路径的经验性证据。

第 8 章是研究结论、政策建议与研究展望。该章从主要结论、政策寓意以及研究展望三方面对本书进行了总结。

本书的研究框架如图1.2所示。

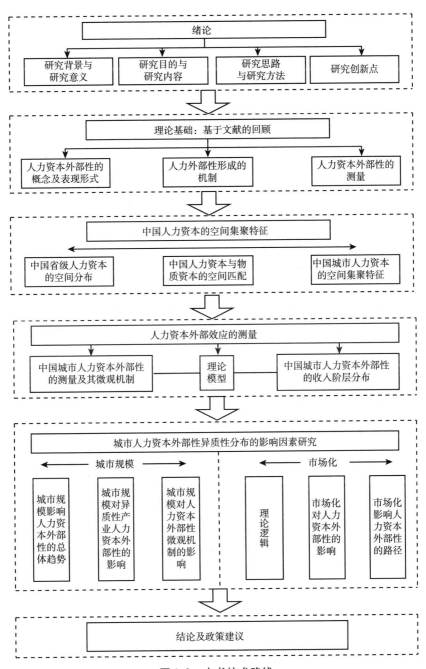

图1.2　本书技术路线

1.4 主要创新之处

相对于既有文献，本书的创新之处主要有以下几个方面：

第一，实证考察了中国城市人力资本外部性的总体强度、时空变异及其微观机制。以往为数不多的关于中国城市人力资本外部性的研究，主要致力于考察城市人力资本外部性的总体强度。而本书利用最新公布的中国家庭收入调查（CHIP）的城镇人口微观数据，在控制了劳动者个人特质、城市特征的条件下，通过工具变量回归实证检验了中国城市人力资本外部性的总体强度、城市人力资本外部性在不同时空上的差异性分布以及其微观形成机制。同时，本书使用的数据也具有明显的优势，国内在城市人力资本外部经验性研究的滞后，很大程度上要归咎于优质微观数据的缺失。虽然其他大型微观调查，如中国综合社会调查（CGSS）、中国家庭营养健康调查（CHNS）、中国家庭金融调查（CHFS）也能提供较为详细的劳动者收入数据，但是由于以上微观调查均没有公布个人样本的城市代码，使得无法将特定的个人样本与其所在的城市对应起来。而中国家庭收入调查（CHIP）则弥补了这一遗憾，同时 CHIP 提供的劳动者收入数据也是各种微观调查中最为详细的。2013 年 CHIP 覆盖的城市数量达到 126 个（其中 122 个地级城市），是该项目近 20 年来样本城市最多的一次调查，这使得 CHIP2013 成为我们考察中国城市人力资本外部性较为理想的数据集。

第二，系统考察了中国城市人力资本外部效应在不同收入群体间的异质性分布，揭示了人力资本外部效应在中国城市不同收入群体间的分布规律及其成因。理论上，城市人力资本外部效应的形成可以简明地归纳为不同劳动者对知识、技能、经验的共享与学习。但事实上，人力资本外部效应的形成是一个非常复杂的过程。劳动者的个人特质、行业特征都可能会影响到人力资本的知识溢出。劳动力市场上制度安排的差异也会进一步影响人力资本外部性的形成。而在城市劳动力市场中高素质劳动力与低素质劳动力存在不完全替代效应的情况下，将会使情况变得更为复杂。因此，考虑到以上因素，城市人力资本外部性在不同劳动群体间的分布很可能是有结构性差异的。但遗憾的是，到目前为止，理论界并没有对这种可能存在的结构分化给予足够的关注。因此，本书通过工具变量分位数回归，进一步考察了人力资本外部效应在不同收入群体间的异质性分布，揭示了人力资本外部效应在中国城市不同收入群体间的分布规律；并从个人学习能力、行业特征、城市劳动市场的制度性分割以及不同劳动力间的不完全替代效应四个方面分析了人力资本外部效应在不同收入阶层出现结构性分化的原因。以上研究，不仅有助于从人力资本的角度进一步挖掘促进中国城市发展的潜在动力，也将有助于全面理解城市化进程中市民内部收入差距持续扩大的成因，并为弥合这种差距提供重要的政策启示。

第三，以中国改革开放以来的发展经验为基础系统考察了城市规模、市场化进程两大宏观因素对城市人力资本外部性的影响及其作用机制，并从实证的角度给出了这些影响的经验性证据。以往关于城市人力资本外部性研究的历史文献，大部分都是基于西方发达国家的经验性研究。但是，作为最大的发展中国家，中国在社会经济环境上与西方发达国家有着巨大的差异，特别是在影响人力资本外部性形成的市场制度、城市发展等方面都与西方国家面对着迥然不同的约束条件。例如，卢卡斯模型中对人力资本外部性的假设无疑是十分粗简的，他利用社会平均人力资本水平作为人力资本外部性的观测指标，其暗含的一个重要经济意义是，随着社会人力资本平均水平的提高，人力资本的外部效应将自动地得以形成和实现。如果说这一理论假设在市场经济体制相对健全的西方发达国家还勉强讲得通的话，那么在发展中国家特别是新兴市场国家这一假设则显然是欠妥的。本研究以中国改革开放以来经济转型的经验为基础，分析和讨论这些因素对人力资本外部效应造成的影响，这将为进一步讨论人力资本外部效应存在普遍且巨大差异的源起提供更多的理论切入点。

2 理论基础：基于文献的回顾

　　自舒尔茨（1959）与贝克尔（Becker，1964）提出现代意义上的人力资本概念以来，经过 50 多年的探索，经济学家在人力资本私人收益的问题上已经取得了比较一致的看法，即个人的人力资本水平越高，收入就越多。大量的实证研究结果表明，个人收入的差异其实是个人人力资本水平（教育水平）差异的反映，而不是那些不容易观察和测量的劳动力特质。尽管理论界在人力资本私人收益问题上取得了共识，但是在人力资本的外部效应方面，却仍然知之甚少。经济学家关于人力资本外部效应的可能性已经争论了一个世纪。本章将在对人力资本外部效应的定义、形成机制及表现形式进行介绍的基础上，系统回顾国内外文献关于人力资本外部效应测量的方法。

2.1 基 本 概 念

2.1.1 什么是人力资本

　　人力资本概念的提出具有非常鲜明的时代背景。第二次世界大战之后，一些在战争中遭受巨大破坏的国家，如德国与日本，几乎是在一夜之间从战争的废墟上重新崛起的。与此同时，亚洲"四条小龙"在要素资源条件的严格约束下也实现了经济发展上的奇迹。而这些国家和地区的发展经验在传统的理论框架（物质投资的增加导致产出水平的提高）下是没有办法得到合理解释的，这就不断刺激着人们从新的视角进行研究，并最终引起了西方经济学家重新认识人力投资的重要性。另外，第三次科技革命所带来的科学技术的高速发展，进一步加速了知识折旧的速度。与产业革命初期相比，市场需求逐步把劳动力的质量问题提到首要的位置，进而使劳动力的内涵发生了深刻的变革，以前简单、繁重的体力劳动逐渐被知识、技能等复杂的劳动所取代，简单劳动投入在经济增长上的作用日趋减弱。正是在这样的背景下，人力资本理论应运而生，理论界终于开始关注这种具有不可替代性、非物质的资本形态。

舒尔茨由于他在人力资本理论上的开创性工作而被誉为"人力资本之父"，20世纪50年代末，他在研究美国农业经济问题时发现，从20世纪伊始到20世纪中叶，促使美国农业生产效率迅速提高的重要因素，已不是土地、劳动力、资本等传统生产要素的增加，而是人的知识、能力和技术水平的提高，并在此基础上提出了人力资本的概念。舒尔茨（1959）在《论人力资本投资》一文中提出，人力资本是凝集在劳动力本身的知识、技能以及其所代表出来的劳动能力①。并把人们对教育、保健、职业培训的投入，为获得更好就业机会而进行的国内迁移，以及为提高技能掌握知识而广泛利用的闲暇时间等要素定义为人力资本。舒尔茨关于人力资本的理论体系包含着以下几个要点：

（1）人力资本是通过投资而形成的有用的能力。为了获得这种能力，劳动者必须承担必要的投入消耗与时间成本，通过这种投资行为而获得的有用能力才构成人力资本。

（2）人力资本的形成不是没有代价的，其形成过程中需要消耗各种稀缺的资源，人力资本是投资的结果。因此并不是所有人力资源都是最重要的资本，只有通过教育、培训等投资方式获得的知识和技能才是生产要素中最重要的资本。

（3）和其他各类"资本"的属性一样，人力资本的价值体现在未来的收益。所有用于增加人力资源并影响其未来货币收入和消费的投资行为均为人力资本投资，但人力资本投资的收益率要远远高于其他生产要素的投资回报率。

---

① ［美］T. W. 舒尔茨. 论人力资本投资［M］. 蒋斌，张蘅，译. 北京：商务印书馆，1990.

2.1.2 什么是外部性

从经济学的角度来看，外部性（externalities）的概念是由马歇尔（Marshall，1922）和庇古（Pigou，1920）在20世纪初提出的，是指一个经济主体（生产者或消费者）在自己的活动中对旁观者的福利产生了一种有利影响或不利影响，这种有利影响带来的利益（或者说收益）或不利影响带来的损失（或者说成本），都不是生产者或消费者本人所获得或承担的，是一种经济力量对另一种经济力量"非市场性"的附带影响。正如萨缪尔森（Samuelson，2013）所说，外部效应指的是一种向他人施加不被感知的成本或效益的行为，或者说是一种其影响无法体现在它的市场价格上的行为。

外部性一般被认为是市场失灵而产生的结果。在这种情况下，市场是帕累托无效的，因为那些享受到利益或是忍受了损失的个体没有提供或是要求去支付价格。生产或是消费的量要高于或低于社会的最优产出。当外部效应出现时，一般无法通过自发的作用来调节以达到社会资源有效配置的目的。既然外部效应的存在无法通过自发的市场行为来解决，那么往往政府就应当负起这个责任。一般来说，政府通过三种方式来纠正市场的外部性：首先是税收或是补贴；其次是管制，比如制定排污标准；最后是产权的界定，比如发放牌照、资质。不管是否政府介入是因为外部性跟生产或是消费产品相关，还是因为公共产品的属性，政府都很难根据帕累托最优解去找到合适的资助额度。因此，经济学家一直都通过各种方法来估算外部性的大小，给政府提供一些参考，以决定政府各种财政支付的最优范围。

2.1.3 人力资本外部性的概念

人力资本外部性是在一定范围内，劳动力之间通过兼有合作性和竞争性的互动、分享并创造新的知识和技能带来的外部经济收益。特别是当个体的人力资本较高时，他会对周围的个体产生影响，但是，个体并不会因此获得收益，而周围受益的一方也不会为此支付成本。因为，在个人进行人力资本投资决策时，几乎没有人会把这种对于他人的收益或成本纳入其自己的效用函数，故将这种对于他人的收益或者成本称之为外部效应。对于人力资本外部性的概念，卢卡斯（1988）曾经有过一段非常生动的阐述："我们知道不同劳动者间的相互作用对一个人生产力的提高是至关重要的。大多数我们知晓的和学到的都是来自他人，有时候会直接支付给这些老师学费或者是间接地接受更低的报酬，以便能够在一起，但是绝大多数的时候是免费的，而且学生和老师经常是相互的、没有区别的。①"

人力资本外部性产生的根源在于人力资本产权界定的复杂性。与物质资本不同，人力资本的外部性是普遍存在的，这是由人力资本自身的特点决定的。虽然人力资本的作用直接表现为其内部效应的作用，它直接提高个人的劳动生产率，并且在正常情况下个人的智力与体力也不会被他人无偿占用或利用。但人力资本一般都要外化为知识或技术形态来影响经济增长。而知识与技术往往具有非竞争和非排他性，个人知识和技术水平的提高会影响整个社会的技术水平。因此，人力资本外化为知识和技术起作用的特点决定了人力资本外部性的广泛存在。

2.2　人力资本外部性的表现形式

莫雷蒂（2004c）认为，人力资本的外部效应主要表现在其对生产率的溢出、犯罪以及选举的影响上。本书在其基础上对人力资本外部性的表现形式做了适当的扩充，在下文中，我们将从生产外部性、消费外部性以及政治外部性三个方面对人力资本外部性的表现形式展开讨论。

（1）生产外部性。

作为经济学概念"资本"的一个有机组成部分，人力资本必然也具有"资本"的基本属性——自我增值性。人力资本也正是因为其在经济增长中的

---

① 译自 Lucas. On the Mechanics of Economic Development ［J］. Journal of Monetary Economics，1988，22（1）。

重要作用，而为人们所熟知的。因此，人力资本外部性的表现形式也首先体现在它对社会物质财富创造的影响上。从城市经济学文献角度来看，人力资本外部性更多的是指人力资本的生产外部性，即不同群体通过交互作用而影响到其他人或企业的生产函数，这是一种非市场交互作用的结果或效应（赵勇和魏后凯，2013）。同时这也是本书考察人力资本外部性的主要视角。

自马歇尔（1890）首先认识到工人之间的交流与互动会提高生产效率以来。大量的理论研究表明人力资本的外部性是经济发展的主要动力。卢卡斯（1988）明确地将人力资本对经济增长的作用分为内部效应（internal effect）和外部效应（external effect）两个方面，前者是指个人的人力资本能提高自身的生产率和收益，后者是指人力资本水平高的劳动者可以让其他的劳动者更加富于生产性，由于人力资本的外部性主要是通过人际互动发生的，而随机的互动更多的是发生在一个有限的范围内的，这促使人力资本水平高的劳动力容易向某些行业集聚，这些行业也因而具有更高的生产率和工资水平（Rauch，1993）。同时，人力资本外部性常常被认为是产生集聚的重要原因，经济主体间的交流和互动促使人们从中获益，并且生产外部效应在人力资本水平高的场合更强，能带来更高的生产率和更高的工资（Alonso-Villar，2002）。目前，大部分关于人力资本外部性的研究也都是针对人力资本的生产率溢出效应展开的。例如，有些从劳动生产率的角度考察并证实人力资本的生产率溢出效应（Acemoglu & Angrist，2000；Moretti，2004a；Bratti & Leombruni，2014）；有些则从企业生产率的角度考察人力资本的生产溢出效应（Moretti，2004b；Greenston & Moretti，2010；梁文泉和陆铭，2016）。

（2）消费外部性。

与生产外部性相对应的是，人力资本的消费外部性。人力资本除了可以对生产效率产生影响外，还会降低人们参加那些导致更高社会成本的活动。这里指的是当把对人力资本的投入作为一种个人消费行为的情况下，这一行为会对外界的其他人带来外部性收益和损失。一般来说，平均人力资本水平较高的地区，往往代表着更稳定的社会治安、更和谐的人际关系与更高的生活质量，这些效应都可以通过个人效应的最大化来表示。例如，犯罪是一种可以产生巨大社会成本的负外部性。如果个人的人力资本投资行为（教育消费行为）可以降低犯罪发生率的话，那么个人的教育消费行为就具有了正的外部性。虽然教育的消费者不会将这种社会化的收益计算进他本人的效用函数，但是这种社会化的收益大部分是可以在本区域内实现的。

但是，需要强调的是，人力资本的消费外部性可能是正负两面的。一方面，人力资本水平的提高通过提高人们的道德标准（Fajnzylber，2002）、改变人们的时间偏好和风险厌恶程度（Lochner，2010），增大了违法、犯罪等违背社会契约行为的心理成本及经济成本。但在另一方面，随着地区整体人力资本水平的提高，诱发违法行为等道德风险的潜在因素也在不断积累。首先，地区人力资本水平提高带来的收入水平的提高可能增加失信行为的经济收益，特别是对诈骗、伪造、盗用公款等违法活动来说更是如此（Lochner，2004）。其次，人力资本还提高了发生道德风险后逃避惩罚的能力，这实际上降低了违法行为的成本（Ehrlich，1975）。

（3）政治外部性。

许多经济学家认为，人力资本（教育）可以通过提高政治行为能力来提高社会收益。哈努谢克（Hanushek，2002）在对公共教育的调研中对此进行了论证。有趣的是，人力资本通过提高人们政治行为能力产生的外部性与有限政府的倡导者亚当·斯密（Adam Smith）与米尔顿·弗里德曼（Milton Friedman）的提议是相一致的。其中弗里德曼（1962）就对相似的观点进行过描述，他认为：如果没有大部分市民都达到一个最低限度的文化水平，如果没有一些被广泛接受的共同价值，一个民主而稳定的社会是不可想象的，而教育对以上两方面都有重要的意义；其结果是，儿童教育不仅有益于儿童或其父母，而且有益于其他社会成员。

那么，为什么人力资本会对人们的政治行为产生影响呢？第一，由于受教育水平更高的政治参与者更倾向于在选举活动中不断地积累信息（例如，教育会使选民具有更高的新闻阅读率），同时教育也会提高政治参与者的信息处理能力，因此人力资本水平较高的政治参与者往往更了解政党或候选人的实际情况。这就有利于选举出更好的候选人，因此也就形成了对所有公民都有利的外部性。第二，地区总体人力资本水平的提高可以提高居民的政治参与性（例如，在选举中提高投票率）。如果居民的政治参与性可以提高政治机构的决策能力，那么地区的人力资本水平也将影响政治决策的质量。根据费德森和佩森都弗（Feddersen & Pesendorfer，1996）以及奥斯本（Osborne，2000）的研究，更高的政治参与率可以产生更好的选举结果。而这种改进的政治行为所产生的社会化收益将被地区的居民所共享。

需要指出的是，上述人力资本外部性的三种表现形式中，生产外部性无疑是最受理论界关注的，绝大部分历史文献也都是围绕生产外部性展开的。为了与目前的主流研究保持一致，同时也受到学科领域与数据可得性的限制。本书将主要从人力资本生产外部性的角度展开研究。

2.3 人力资本外部性的形成机制

既然人力资本的外部性有利于生产效率的提高，那么人力资本外部性的形成机制又是怎样的呢？在卢卡斯的内生经济增长模型中，人力资本外部性是简单建立在生产函数之上的。但他同时认为，人力资本的外部效应是通过工人之间正式或非正式的知识和技能的交流而形成的。一些研究者在理论模型中假设劳动者可以与附近的高技能工人通过配对会议交换思想的方式来提高人力资本（Duranton & Puage，2004）。显然，这种对人力资本外部性形成机制的抽象概括虽然揭示出了问题的本质，但还不免过于笼统。随着近年来研究的逐步深入，越来越多的理论工作者更加倾向于从人力资本的 MAR 外部性（专业化外部性）、人力资本的 Jacobs 外部性（多样化外部性）、"劳动力池"效应这三个方面来描述人力资本外部性形成的微观机制（Fu，2007；孙三百，2016）。下边本书将对以上提到的微观机制分别进行介绍。

2.3.1 人力资本的 MAR 外部性

马歇尔（1920）最早从动态角度分析了具有某项专业技术劳动力的集聚对经济增长的重要性，他认为知识的传递更容易在具有类似技术结构的行业间发生，同行之间通过面对面交流产生的外溢性知识与技术刺激了经济增长①。所以这种专业化的集聚效应也就被打上了马歇尔的标签，被称之为 MAR 外部性。在市场经济条件下，相同技能工人间的激烈竞争，促使劳动者从其他同行那里更主动地学习知识与技能，这将进一步强化人力资本行业内集聚所产生的外部效应（Portet，1990；Feldman & Audretsch，1999）。虽然已经有大量文献从产业集聚这一中观层面验证了 MAR 外部性的存在（Henderson，2003），但是我们不能草率地将产业集聚的 MAR 外部性等同于人力资本集聚的 MAR 外部性。一方面，无论是产业内的外部性，还是产业间的外部性都是基于员工交流（Brascoupe et al.，2010）；另一方面，考虑到中间品投入的规模效应等金融外部性，产业集聚 MAR 外部性的产生机制通常更为复杂，人力资本行业内集聚所产生的知识外溢并不能构成产业集聚 MAR 外部性的全部原因。这也就意味着，产业集聚 MAR 外部性的存在只能为检验人力资本的 MAR 外部性提供一条可以遵循的线索，而并不能作为其存在的直接证据。因此，利用劳动者层面的微观数据对人力资本 MAR 外部性进行考察将是一件非常重要的工作。

2.3.2 人力资本的 Jacobs 外部性

与人力资本的 MAR 外部性不同，人力资本的 Jacobs 外部性则是指具有不同技术背景的劳动力集聚能够产生互补性的知识和技术溢出。雅各布斯（Jacobs，1969）认为重要的知识或技术溢出主要来自本行业之外，互补性的技术在不同行业间的渗透与交换更容易激发出创新的灵感。因为经济学家雅

---

① 对于 MAR 外部性，马歇尔曾经这样阐述：当一种工业选择了自己的地方时，它是会长久设在那里的。因此，从事同样行业的人，互相从临近的地方所得到的利益是很大的。行业的秘密不再是秘密；而似乎公开了，孩子们不知不觉地也学到许多秘密。雇主们往往到他们会找到他们所需要的有专门技能的优良工人的地方去，在我们的某些工业城市中，地方性工业的利益与职业多样化的利益兼而有之，这是他们不断发展的主要原因（马歇尔. 经济学原理［M］. 朱志泰，译. 北京：商务印书馆，1964）。此外，从这段话中我们也可以发现，也许将这种专业化的集聚效应命名为 MAR 外部性是一个不经意的误会，因为马歇尔显然也认识到了城市就业多样化对经济发展的价值。当然，这一插曲并不影响对外部性的讨论。

各布斯在这一领域中的开创性贡献，这种行业外的集聚经济外部性被称之为 Jacobs 外部性。尤其是随着科学技术的进步，企业生产、经营管理的流程日益变得复杂，企业的核心技术也越来越依靠多项技术、管理与信息相结合所发生的"集成创新"，这就使得多元化的和具有异质性的人力资本集聚能产生更为显著的外部效应。需要指出的是，人力资本集聚的专业化与多样化并不是完全对立的，规模较大的城市可能在具有高度专业化人力资本的同时，也具有高度多元化的劳动力市场。与人力资本 MAR 外部性所面对的问题相类似，虽然国内大量实证研究从产业层面观测到了 Jacobs 外部性的存在（刘修岩，2009；孙晓华、郭玉娇，2013）。但是从严格意义上来讲，这些研究仍然不能作为人力资本 Jacobs 外部性存在的直接证据。

2.3.3 "劳动力池"效应

"劳动力池"效应认为，人力资本外部性的形成得益于人力资本密度的提高，有利于不同人力资本以及人力资本与物质资本间的匹配。在现实经济活动中，劳动力的人力资本水平并不同质，技能水平也有高低之分，而企业对不同类型人力资本的需求也是有差异的。由于技能需求与技能供给间存在着信息不对称，企业对特定人力资本的需求与劳动力的供给之间往往需要经过一个搜寻过程才能实现匹配。劳动力在空间上集聚程度的增加有利于提高匹配成功的概率。"劳动力池"效应就刻画了这种地理维度上人力资本密度对外部性形成所造成的影响。同时，更大的就业密度有助于劳动者之间建立起更为密切的社会关系，这将对知识与技能在劳动者之间的传播与渗透产生积极的影响。甚至在没有特定学习行为的情况下，"劳动力池"的这种匹配效应也能形成集聚经济的外部性。陈良文、杨开忠等（2008）利用北京市 2004 年经济普查数据研究发现，劳动生产率与单位面积上的就业密度存在着显著的正向关系，劳动生产率对单位面积上就业密度的弹性达到 0.162。孔布（Combes，2012）在研究法国劳动力技能分布时也发现，高就业密度地区的工人要比就业稀疏地区的工人拥有更高的技术水平。

同时，"劳动力池"效应也表现在人力资本与物质资本的匹配上。由于人力资本与物质资本间存在着互补性。私人最优的人力资本水平取决于一个人希望使用的物质资本的数量。同样，私人的最优物质资本投入水平也取决于他拥有的人力资本水平。如果城市的劳动者提高了其人力资本水平，那么这个城市的企业就会希望雇佣这些工人，并进而提高其物质资本水平。而工作的搜寻是有成本的，那些没有提高自身人力资本水平的劳动者，也会因为城市物质资本存量的提高而获得更高的生产效率（陆铭等，2012）。在阿西莫格鲁（Acemoglu，1998）看来，即使所有的经济生产函数都呈现规模报酬不变，人力资本与物质资本间的互补性也会降低找工作进程中的摩擦，在工人人力资本不变的条件下，平均工资和城市平均人力资本密度间呈正相关关系。

2.4 城市人力资本外部性的测量

在上一节中，介绍了人力资本外部性的形成机制。但是由于人力资本的外部性看不到也摸不着，因此，对于其进行经验性的实证研究一直面临着非常大的挑战。在本节，笔者将对目前关于人力资本外部性实证研究的主要成果进行总结。

2.4.1 城市人力资本外部性测量的理论基础

纵观已有文献，目前主要存在三种对城市人力资本外部性的估计策略：第一种是基于劳动者工资溢价的人力资本外部性测度方法（Acemoglu & Angrist，2000；Moretti，2004a；Bratti，Leombruni，2014；Gleaser & Lu，2014）；第二种是基于地租溢价的人力资本外部性测量方法（Dalmazzo & De，2005；Alberto & Guid，2007）；第三种是基于微观企业生产函数的人力资本外部性测度方法（Moretti，2004b；Greenston et al.，2010；梁文泉和陆铭，2016）。

为了展现以上三种估计策略的理论基础，我们通过莫雷蒂（2004c）建立的一个比较静态分析模型来加以说明。这是一个比较简单的完全竞争一般均衡模型，该理论模型中包括了标准的供给与需求因素，以及人力资本的外部性效应。这个模型说明了如何把城市间的企业生产率、工资或土地价格的差异与城市人力资本水平相联系来衡量人力资本外部性。同时，该模型也揭示了在城市人力资本外部性估计过程中可能存在的困难与挑战。

首先，考虑存在两个城市——城市 A 与城市 B，两种劳动力——受过高等教育的工人（熟练工人 N_1）与非受过高等教育的工人（非熟练工人 N_0）。同时，劳动力与企业在城市 A 与城市 B 之间可自由流动，且流动成本为 0。进一步假设，市场具有完全竞争的属性，因此，市场中企业的平均利润率为 0；市场上存在两种商品，一种是企业生产的产品 y，它可以在城市 A 与城市 B 之间进行自由贸易，另一种商品是土地 h，它只能在本城市进行交易。每个城市都是一个竞争性的经济体，利用两种劳动力（熟练工人 N_1 与非熟练工人 N_0）和资本（K）生产产品 y。

为了在这一分析模型中引入人力资本的外部性，我们认为城市的生产效率取决于城市人力资本的总体水平。这种处理方式与历史文献中关于人力资本外部性形成的解释是相一致的。需要说明的是，这里人力资本外部性对城市生产率的影响，既包括劳动生产率又包括资本生产率，即人力资本外部性可能使两种生产率同时受益。事实上，对两种生产效率进行区分是比较困难的。

当城市 A 与城市 B 在福利设施的供给上有所差异的情况下，工人会在预算约束条件下基于城市的福利设施供给，选择一定数量的复合商品 y 以及土地 h 以最大化自己的效用函数 V。由于复合商品 y 在城市 A 与城市 B 之间是可以自由流通和贸易的，因此在市场均衡的条件下，不同的城市 y 都具有相同的价格，这里将其价格设定为 1。工人在城市的生活成本取决于土地价格。对工人来说，在同一城市中他们将面对同一土地价格 p。且对于城市来说，土地的数量是固定不变的。这样，在完全竞争与完全流动的假设前提下实现的均衡，在不同城市工人都将具有相同的效用，不同城市的厂家也应该具有同样的单位成本。否则，工人与企业将在城市 A 与城市 B 之间发生迁徙，直到实现上述均衡为止。

以上均衡过程，可以通过图 2.1 来表示，在图 2.1 中向上倾斜的曲线表示等效用曲线。V_j 是工人工资 w_j、土地价格 p 以及城市福利设施 v_j 的函数。由于工人偏好高工资与低土地价格，因此工人的等效用曲线是向上倾斜的。同时，由于工人在城市间是可以自由流动的，因此不同城市熟练工人与非熟练工人的各自效用是相等的：

$$V_1(w_1, p, v') = k_1, V_0(w_0, p, v') = k_0$$

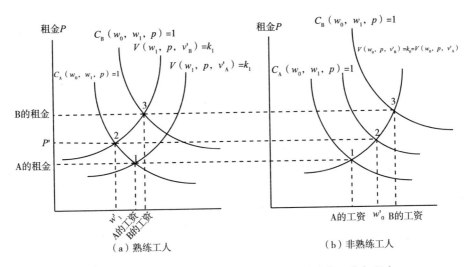

图 2.1　不同城市福利设施存在差异情况下的均衡工资与租金

两条向下倾斜的曲线 C 表示企业的单位成本，它是两种劳动力工资 w_0、w_1 以及土地价格 p 的函数，即 $C(w_0, w_1, p) = 1$。C_A 表示 A 城市企业的单位成本曲线，C_B 表示 B 城市企业的单位成本曲线。在完全竞争条件下企业的零利润假设保证了生产成本会沿着向下倾斜的曲线发生。因此，模型在三个变量（w_0，w_1，p）中具有三个等式（单位成本函数相等和每种劳动力效用函数的相等）。图 2.1（a）中的点 1 表示城市 A 中熟练工人工资与土地价格的均衡点；与之相对应，图 2.1（b）的点 1 表示非熟练工人与土地价格的均衡组合。

如果城市 A 与城市 B 情况相同的话，那么城市 B 的均衡也是相似的。但是，在城市 B 对熟练工人的需求更大或是城市 B 对熟练工人供给更强的情况下，城市 B 的总体人力资本水平将高于城市 A。城市 B 对熟练工人相对供给高于城市 A 的一种可能的原因是，城市 B 比城市 A 具有更加完善的城市福利设施，即（$v_B' > v_A'$）。同时需要强调的是，在这个分析框架下，只有熟练工人对这种城市福利设施的价值具有偏好，而非熟练工人则不具备这种偏好。如图 2.1 所示，在城市 B 熟练工人供给更强的情况下，城市 B 中熟练工人效用水平为 k_1 的无差异曲线将位于城市 A 相应等效应曲线的左边；而非熟练工人的等效用曲线则不发生变化。在这种情况下，即使不存在人力资本的外部效应，由于熟练工人与非熟练工人间存在着不完全替代效应，非熟练工人的生产效率也将得到提高，城市 B 非熟练工人的工资会从 w_0 提高到 w_0'，而熟练工人的工资则会 w_1 从下降到 w_1'。

而在存在人力资本外部性的条件下，如果企业成本保持不变，城市 B 工人工资与土地价格的均衡点将落在城市 A 相应均衡点的右边。对熟练工人来说，等成本线的移动是由于人力资本外部性所造成的，而对于非熟练工人来说，这种移动则是不同类型劳动力之间的不完全替代效应（从点 1 到点 2）与人力资本外部性（从点 2 到点 3）共同造成的［见图 2.1（b）］。

以上，我们分析了由于熟练工人供给不同所导致的城市 B 具有更高人力资本水平的情况。下面，我们将进一步分析由于对熟练工人相对需求的不同所造成的城市间人力资本水平差异。在图 2.2 中，城市 A 与城市 B 在城市福利设施的供给上是无差异的，但是在企业的生产技术 T 上是不同的，这里的生产技术指的是一切能够外生性地提高熟练工人相对生产率以及对其相对需求的因素。为了能够使图 2.2 中的技术差异更加易于观察，T 出现在等成本曲线中：$C(w_0, w_1, p, T)$（由于已经假定不同城市福利设施的条件是无差异的，因此福利设施的因素可以从等成本的函数中剔除）。这里假设由于生产技术的不同，城市 B 中的熟练工人具有更高的生产效率，对熟练工人的相对需求也更高。在高工资的吸引下，更多工人将迁徙至城市 B，这就提高了城市 B 的总体人力资本水平。在没有人力资本外部效应的情况下，图 2.2（a）和（b）两图中的点 2 均代表城市 B 的均衡。与城市 A 相比较，在均衡点 2 处城市 B 的熟练工人的工资相对较高，而城市 B 的非熟练工人也会因为不完全替代效应而获得更高的工资。在存在人力资本外部性的情况下，等成本线会进一步右移，图 2.2（a）和（b）两图中的均衡点会从点 2 移动到点 3。在这个模型中，我们可以看到，当存在人力资本外部性的条件下，不仅工人的名义工资水平会提高，而且城市土地的价格也会随之提高，进而使得工人在城市 A 与城市 B 之间可以获得无差异的效用水平。对于企业来说也是同样的道理，虽然城市人力资本的外部效应使得城市 B 的企业具有更高的生产效率，但是，城市 B 的工人工资与土地价格也相对较高，这就使得企业在城市间的选择是无差异的。

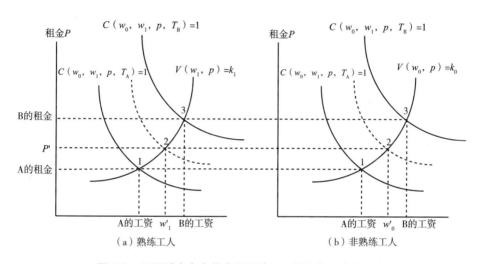

图 2.2　不同城市存在技术差异情况下的均衡工资与租金

以上分析框架实际上为我们提供了三个不同的对人力资本外部性进行实证考察的策略。一是将工人工资水平与人力资本总体水平较高或较低的城市进行比较；二是将土地价格与人力资本总体水平较高或较低的城市进行比较；三是将企业生产率与人力资本总体水平较高或较低的城市进行比较。在下文中，本书将对每一种实证策略进行分析和讨论。

2.4.2　基于工资溢价的人力资本外部性测量方法

目前，大部分关于人力资本外部性的实证研究都是通过对城市人力资本工资溢价的观测来实现的，同时这种方法在技术的可操作性上也是最为成熟的。但是人力资本水平较高城市的高工资往往是两方面原因造成的：一个原因是，具有较高人力资本劳动者的人力资本私人回报往往也会较高；另一个原因是，城市内高人力资本者间互相沟通和交流所形成的人力资本外部性。因此，要想通过工资溢价的方式来测量城市人力资本的外部性，需要把劳动者的人力资本私人回报有效地剥离出来。从工资的角度考察城市人力资本外部性，必须采用劳动者个体层面的微观数据。如果采用宏观数据，即使观察到人力资本较高的城市具有较高的工资，也不能证实人力资本外部性的存在。在实际测量的过程中，一般在控制了劳动者个人受教育水平、工作经验等个人特质的基础上，通过使用嵌入城市特征变量的 Mincer 工资方程考察城市人力资本水平对个人工资的影响来估计城市人力资本外部性的大小（赵勇、魏后凯，2013）。其估计模型的一般形式为：

$$\ln w_{ij} = \beta_0 + \beta_1 Cedu_j + X_{ij} + Z_j + \varepsilon_{ij} \tag{2.1}$$

其中，w_{ij} 是城市 j 中个人 i 的工资，X_{ij} 是个人特征项量，包括受个人教育年限等；$Cedu_j$ 代表城市 j 的总体人力资本水平（通常使用具有大学学历群体占人口的百分比或城市人口的平均受教育年限来表示）；Z 是城市特征项量，如果城市人力资本外部性是存在的话，回归系数 β_1 将显著为正。

劳赫（Rauch，1993）利用上述方法，通过使用 1980 年美国的人口普查数据考察了城市平均受教育水平与工人工资之间的关系。其实证结果表明，城市人口的平均受教育年限每提高 1 年，工人的工资将增加 3.3%。但是考虑到城市人力资本与工人工资间的双向因果关系很可能会造成较大的内生性估计偏误。一些学者开始利用工具变量法来解决潜在的内生性问题。而经常被使用的工具变量包括义务教育法变量、儿童劳动法变量、生育高峰的婴儿进入劳动市场的冲击、城市间年龄结构的差异、政府赠地学院的数量等。例如，阿西莫格鲁和安格里斯特（Acemoglu & Angrist，2000）通过使用《美国儿童劳动力和义务教育实施法》在州际的实施差异作为城市人力资本的工具变量估计了城市人资本外部性的强度，其结果显示城市人力资本水平每提高 1%，工人工资将增加 1%～3%。而莫雷蒂（2004a）则通过将美国城市间年龄结构的差异与城市中政府赠地学院的数量作为工具变量，估计了城市大学生比重对工人工资的影响，其结果发现，城市中大学毕业生的比重每提高 1%，工人的平均工资将提高 0.6%～1.2%，这一强度甚至要高于人力资本的私人回报率。

需要我们重点关注的是两篇关于中国城市人力资本外部性测量的文献，一篇是刘志强（Liu，2007）使用中国家庭收入调查（CHIP）1988年与1995年数据，并利用义务教育法执行情况以及城市的行政等级作为城市人力资本水平的工具变量测量了中国城市的人力资本外部性，结果发现城市人均受教育水平每增加一年，工人工资将增加11%～13%。另一篇是格莱泽和陆铭（Glaeser & Lu，2014）通过使用CHIP调查的2002年与2007年数据，并将20世纪50年代中国高校院系调整中各城市迁入和迁出院系的数量作为城市人力资本的工具变量后实证发现，城市人均受教育水平每增加一年，工人的月工资将增加28%。

2.4.3 基于租金溢价的人力资本外部性测量方法

达尔马佐和德布拉西奥（Dalmazzo & de Blasio，2005）批评了仅通过工资溢价来考察人力资本外部性的方法，而主张在测度过程中应该同时考虑人力资本对工资和地租的联合效应（joint effect）。其理由在于，如果考虑到城市人力资本的消费外部性会抵消工资增长的情况，那么仅基于工资的估计就会存在偏差。也就是说，以前大量的文献可能系统地低估了人力资本外部性对生产力的影响。但是，由于这种方法对土地或住房数据采集的要求较高，因此目前采用租金溢价来考察人力资本外部性的文献相对较少。劳赫（1993）是第一个研究城市人力资本与住房价格的经济学家，他发现在那些具有较高人力资本水平的城市中，住房价格往往也较高。即使在控制了住房特征后，城市人口的平均受教育年限每提高1年，也会使城市土地租金提高11.2%。并进一步得出结论认为，人力资本外部性的生产溢出可能被资本化为土地价格。达尔马佐和德布拉西奥（2005）则以意大利的数据，对城市人力资本对土地租金的影响进行了实证研究，其研究发现：城市人力资本对土地租金具有显著的正向影响，城市人口的平均受教育年限每提高1年，会使城市土地租金提高6%～24%。陈斌开、张川川（2016）则通过使用2002～2009年中国国家统计局获取的城市住户调查（UHS）数据，并以中国高校扩招的冲击作为城市大学毕业生所占比重的工具变量，考察了城市人力资本对中国住房价格的影响。研究发现，城市中高等教育人口占比每增加1%，城市住房价格将上涨4.6%～7.9%，这可以解释2002～2009年间中国城市住房价格增幅的12%～20%。

然而，通过租金或者房价来对城市人力资本外部性进行测量的弊端也是显而易见的。基于租金的测量模型，没有办法识别哪部分租金上涨是由人力资本外部性推动的，而哪些租金上涨是由人力资本的直接效应所推动的。因为，即使在人力资本没有外部性的情况下，城市人力资本水平提高的直接效应（如较高的人力资本私人回报率与较大的住房需求）也会导致城市租金的提高。因此，通过这种方式观测到的租金溢价可能并不是由纯粹的人力资本外部性形成的。同时，人力资本外部性是在劳动者之间的互动中形成的，利用租金或房价这种间接的指标来测量，无法对人力资本外部性的相关属性及其微观机制进行更加深入的分析和讨论，而这使得这一方法的应用前景大打折扣。

2.4.4　基于企业生产率的人力资本外部性测量方法

城市人力资本对工资和租金价格的影响主要是通过生产效率的提高来实现的，但是使用工资与租金作为生产效率的替代变量，往往难以直接反映出城市人力资本与企业生产效率间的关系。因此，一些学者试图通过直接考察城市人力资本水平与微观企业生产效率的关系来测量人力资本外部效应。例如，莫雷蒂（2002）通过20世纪80年代美国企业层面的纵向数据，在控制了企业的异质性以及时间固定效应与地区固定效应后，估计了所有产业人力资本外部性的强度。其结果显示，人力资本外部性对企业每年产出的平均贡献为0.1%，并且绝大部分人力资本外部性源于高新技术企业；而对于非高新技术企业，人力资本的外部性几乎为0。格林斯通等（Greenston et al.，2010）则通过构建一个准自然实验的反事实估计框架，考察新企业进入对已有企业全要素生产率的影响来测量人力资本的外部效应。其研究结果显示，新企业的进入对已在位企业的全要素生产率有显著的正向影响。

中国学者对这一方法的尝试主要集中在以下两篇文献。刘志强（2014）通过利用1995～1999年中国工业企业数据库考察了城市人力资本对企业生产率的影响，其结果显示，城市人力资本对制造企业的生产效率有显著的溢出效应。但是该研究的主要缺点在于，由于缺少城市人力资本及企业人力资本的测量指标（例如，其城市层面的人力资本水平是6个省市的城镇家庭调查数据来构建的，而企业人资本指标则是通过企业实际工资与行业平均工资的比值来表示)），这就使得其实证结果可能产生较大的偏误。另一篇文献则来自梁文泉、陆铭（2016），他们利用2008年经济普查服务业企业层面的微观数据考察了服务业内的人力资本外部性，并发现城市人力资本对服务企业产生的正外部性主要体现在大企业中；同时，他们将城市人力资本外部性的来源细分为行业内企业间、服务业行业间、制造业三个部分，结果发现来自行业内企业间、服务业行业间的人力资本外部性会随城市规模的增大而加强，而来自制造业的人力资本外部性则随着城市规模增大而减弱。

3　中国人力资本的空间集聚特征

通常认为，与人力资本外部性联系最为密切的一个经验性现象是人力资本的空间集聚。从空间的角度来看，世界各国的经济成长轨迹无一例外地表现出高素质劳动力向少数地区集聚的特征。而对人力资本集聚背后推动力量的追溯，往往构成了理论界研究人力资本外部性的逻辑起点（Moretti，2004c；Berry & Glaeser，2005）。在人力资本外部性可以产生高生产率的条件下，高技能劳动力流向他们充裕的地方，就成了人力资本的一项自然属性（陆铭，2016）。因此，人力资本的空间集聚特征往往是观察和分析人力资本外部性的一个非常重要的基础与背景。在对中国城市人力资本外部性展开探索之前，有必要对中国人力资本的空间集聚特征进行必要的观察与分析。同时，对中国人力资本空间集聚特征的讨论也有助于我们认识人力资本外部性背后所蕴含的巨大理论意义与现实价值。

3.1　中国省级人力资本的空间分布

目前，有关人力资本水平的测量方法可概括为三类：第一类是基于人力资本投资支出的估算方法，即采用永续盘存法对人力资本的投资进行累计，并对已有的人力资本进行折旧（Kendrick，1976；孙景尉，2005；侯风云，2007；钱雪亚，2011）。第二类是基于个人人力资本终身收入的估算方法，这种方法以个人预期生命期的终生收入的现值来衡量人力资本水平（Jorgenson & Fraumeni，1989，1992；Christian，2014；李海峥等，2013，

2015），其假设某个体的人力资本可以像物质资本一样在市场上交易，其价格就是该个体的预期生命期的未来终生收入的现值。第三类是基于教育成果的非价值量估算方法（V. Nehru, 1995；岳希明、任若恩，2008；谢申祥、王孝松等，2009）。这是一种目前最为广泛采用的人力资本核算方式。而劳动力平均受教育年限和劳动力中大学毕业生所占的比重是最常见的两个评价指标。为了保持与大多数文献的可比性，本节将首先采用以上教育指标来对中国的人力资本分布进行讨论。

为了分析和讨论中国各省级地区的人力资本空间分布的变化情况，本书根据历年《中国人口统计年鉴》《中国人口和就业统计年鉴》①的抽样调查数据进行计算，得到各省级地区的劳动力平均受教育年限（见表 3.1）以及劳动人口中大学毕业生所占的比重（见表 3.2）。因港澳台地区的数据缺失，本章的研究对象不含港澳台地区。从表 3.1 中的中国各省级地区劳动力平均受教育年限来看，2003～2013 年各省份的人力资本水平均保持着比较稳定的增长趋势。而如果以劳动力中大学毕业生的比例作为人力资本水平的观测指标，那么这种人力资本上的增长趋势则更加明显。2003～2013 年大部分省份劳动人口中大学毕业生所占比重的增幅达到 100%。虽然在部分省份的个别年份中，劳动力的平均受教育年限与劳动人口中大学毕业生所占比例在数据上出现过下降的情况，但考虑到《中国人口统计年鉴》《中国人口与就业统计年鉴》中的劳动力抽样并不是采用跟踪调查的方式，而是采用每年重新抽样的办法，因此，这种数据上的异常波动应该在很大程度上是由于抽样的随机性所造成的。

表 3.1　　**2003～2013 年我国 31 个省级地区劳动力平均受教育年限**　　单位：年

地区	省份	2003 年	2005 年	2007 年	2009 年	2011 年	2013 年
东北	辽宁	8.97	8.79	9.03	9.27	9.49	10.37
	吉林	8.74	8.53	8.82	8.94	9.13	9.43
	黑龙江	8.46	8.52	8.74	8.79	9.14	9.34
北部沿海	北京	10.39	10.73	11.12	11.2	11.57	12.14
	天津	9.31	9.56	9.86	10.09	10.43	10.65

---

① 2006 年《中国人口统计年鉴》正式更名为《中国人口和就业统计年鉴》。

续表

地区	省份	2003 年	2005 年	2007 年	2009 年	2011 年	2013 年
北部沿海	河北	8.44	8.24	8.23	8.48	8.71	8.79
	山东	7.97	7.84	8.31	8.39	8.74	8.94
东部沿海	上海	10.18	10.08	10.5	10.69	10.51	10.85
	江苏	7.82	8.24	8.51	8.62	9.22	9.42
	浙江	7.88	7.73	8.2	8.48	8.89	9.67
南部沿海	福建	7.7	7.66	7.85	8.43	8.88	8.37
	广东	8.07	8.42	8.72	8.91	9.37	9.39
	海南	8.27	8.19	8.4	8.51	8.93	9.46
黄河中游	山西	8.45	8.47	8.82	8.92	9.19	9.64
	内蒙古	7.89	8.33	8.44	8.57	9.27	9.27
	河南	8.05	8.07	8.26	8.46	8.76	8.68
	陕西	8.21	8.16	8.48	8.66	9.01	9.37
长江中游	安徽	7.78	7.2	7.39	7.74	8.33	8.88
	江西	8.36	7.63	8.31	8.39	8.74	8.94
	湖北	8.02	7.93	8.51	8.57	9.11	9.41
	湖南	8.13	8.07	8.47	8.52	8.85	8.69
西南	广西	7.85	7.74	8.09	8.15	8.66	8.26
	重庆	7.75	7.5	7.8	8	8.83	8.55
	四川	7.52	6.99	7.53	7.79	8.29	8.82
	贵州	7.06	6.6	6.98	7.2	7.7	7.78
	云南	6.23	6.56	6.93	7.03	7.77	8.09
	西藏	4.32	4.19	4.96	4.92	5.81	5.04
大西北	甘肃	7.21	7.04	7.24	7.44	8.25	8.49
	青海	6.93	6.98	7.35	7.59	7.9	7.6
	宁夏	7.5	7.54	7.94	8.31	8.47	8.41
	新疆	8.44	8.28	8.56	8.7	9.22	8.96

注：①港澳台地区因数据缺失，不在研究范围之内。②此处借鉴国务院发展研究中心八大经济区域的划分方法，从社会经济发展角度将全国划分为东北、北部沿海、东部沿海、南部沿海、黄河中游、长江中游、西南以及大西北八大区域。③这里劳动力人口的平均受教育年限计算方法为：依据受教育水平将就业人口分为五类：文盲半文盲、小学、初中、高中、大专及以上，且把各类受教育程度的累计受教育年限分别赋值以 2 年、6 年、9 年、12 年和 16 年。则人力资本水平 $H = 2h_1 + 6h_2 + 9h_3 + 12h_4 + 16h_5$，其中，$h_i$ 表示受第 i 层次教育的劳动力在劳动力总量中的份额，各教育层次在劳动力总量中的比例数据来源于历年《中国人口和就业统计年鉴》中的劳动力抽样调查数据。

表 3.2　2003 ~ 2013 年我国 31 个省级地区劳动力中大学毕业生所占比重　单位：%

地区	省份	2003 年	2005 年	2007 年	2009 年	2011 年	2013 年
东北	辽宁	8.97	8.34	10.00	11.82	12.53	13.83
	吉林	6.42	6.68	7.49	8.22	9.08	11.56
	黑龙江	4.90	6.42	6.40	6.55	9.42	12.24
北部沿海	北京	20.29	24.49	30.13	30.77	33.94	41.21
	天津	10.86	14.08	15.74	17.01	20.99	23.05
	河北	6.60	4.73	4.16	5.62	5.37	7.73
	山东	5.49	4.44	5.78	6.01	8.95	9.89
东部沿海	上海	16.67	17.84	21.34	23.66	21.18	24.69
	江苏	4.96	6.80	8.12	7.76	12.06	13.73
	浙江	6.17	5.42	8.59	10.04	12.56	17.33
南部沿海	福建	4.66	4.98	5.67	9.80	12.13	8.89
	广东	5.07	5.81	6.46	6.87	10.57	8.20
	海南	5.78	5.45	6.26	6.88	7.68	8.78
黄河中游	山西	5.38	5.57	7.19	7.66	8.11	10.72
	内蒙古	5.46	7.93	7.46	7.95	12.65	10.08
	河南	3.20	4.22	4.04	5.16	7.64	8.09
	陕西	6.38	6.17	7.73	9.10	10.16	11.99
长江中游	安徽	4.91	3.85	3.93	4.66	6.84	9.15
	江西	6.28	3.85	7.22	6.86	7.25	9.39
	湖北	5.44	5.07	8.16	7.63	11.24	11.92
	湖南	4.70	4.49	6.17	6.14	7.92	8.50
西南	广西	4.52	4.00	4.01	4.10	8.80	7.70
	重庆	3.61	4.63	3.77	5.49	11.51	9.36
	四川	3.74	3.48	4.10	5.62	8.30	10.54
	贵州	5.29	3.32	3.22	3.31	8.24	9.09
	云南	1.83	3.37	4.02	3.06	6.98	7.76
	西藏	0.82	0.89	1.21	1.68	4.97	2.39

续表

地区	省份	2003 年	2005 年	2007 年	2009 年	2011 年	2013 年
大西北	甘肃	4.44	4.26	3.83	4.79	8.84	9.02
	青海	5.06	7.11	7.07	8.84	9.09	12.57
	宁夏	5.53	6.82	7.43	8.36	8.96	11.25
	新疆	10.00	9.75	8.97	9.51	14.15	12.85

注：①港澳台地区因数据缺失，不在研究范围之内。②本表所需的数据均来自历年《中国人口和就业统计年鉴》中的劳动力抽样调查。

从各省份人力资本空间分布上来看，不同地区间人力资本水平的差异非常明显。北部沿海、东部沿海以及东北地区的人力资本水平相对较高，西南与大西北地区的人力资本水平相对落后，而南部沿海、黄河中游、长江中游地区则处于中间梯队。其中，劳动力平均受教育年限最高的城市北京、上海、天津始终遥遥领先，其 2013 年的劳动力受教育水平分别为12.14 年、10.85 年、10.65 年已经基本达到了西方发达国家的水平。而西藏、青海、贵州等少数西部地区的人力资本水平则始终处于垫底的位置，并与人力资本领先的省份存在巨大的差距。同时，从 2003～2013 年各省份人力资本的绝对增长速度上来看，西部省份与东部省份在人力资本水平上的差距仍然呈现出持续扩大的趋势。例如，2003 劳动力平均受教育年限最高的北京与最低的西藏之间的差距为 6.07 年，而在 2013 年这一差距则扩大到 7.1 年。如果以劳动力中大学毕业生所占比重的指标来衡量，那么这种差距将会进一步扩大。

另外，以上数据与我们现实经验有较大差距的是，南部沿海地区在各人力资本水平观测指标上的表现并不突出，南部沿海三省（广东、福建、海南）的平均受教育年限与大学毕业生所占比重不仅明显低于北部沿海与东部沿海，甚至与黄河中游与长江中游地区相比也没有任何优势。造成这一现象的原因可能是，南部沿海省份是劳动力（特别是高素质劳动力）净流入大省，而劳动力教育水平测算的原始数据是以户籍人口为基础的，这在很大程度上低估了南部沿海各省的实际人力资本水平。

3.2　中国省级人力资本与物质 资本的空间匹配

在 3.1 节中，以教育指标法所衡量的省际人力资本水平显示，中国不同地区间的人力资本分布存在着显著的不平衡。并且从省级人力资本分布的变化趋势上来看，有向东部沿海地区逐步集聚的倾向。那么，对中国这样一个发展中大国来说，这种人力资本的空间集聚倾向是否具有经济效率呢？因为，我们不能简单地认为人力资本水平越高的地区，该地区的人力资本水平就越合理。超越经济发展阶段的人力资本投资同样有可能产生"浪费"。那么，在这样的背景下，对各地区人力资本的经济效率进行评价就需要一个具有一般参考价值的基准坐标。

本节将从人力资本与物质资本匹配的角度对近年来各地区的人力资本分布进行评价。为了保持与物质资本存量计算口径的一致，笔者采用投资支出法对 1995～2013 年中国各省域的人力资本存量与物质资本存量进行了测算，并进一步通过基于超越对数生产函数的面板数据回归测算出了 1995～2013 年中国各省级单位的人力资本与物质资本存量最优比例[①]。表 3.3 列示部分年份的人力资本与物质资本存量的最优比例（下文统一简称为"最优比例"）。由于本节无法在有限的篇幅中对每个省级区域的资本存量最优比例变动情况分别进行讨论，因此，这里将全国划分成东、中、西三大地区来观察最优比例的变动情况。从全国的整体来看，人力资本与物质资本的最优比例处在上升的通道中（见图 3.1～图 3.4）。特别是 2000 年以后，最优比例的提高表现出逐步加速的趋势。相对于物质资本来说，人力资本在经济发展中扮演着原来越重要的角色。具体到东、中、西部地区而言，最优比例的变化趋势也

---

① 各省级地区人力资本存量、物质资本存量以及人力资本与物质资本最优比例的具体测算方法，可参见许岩等的《中国人力资本与物质资本的匹配及其时空演变》，载于《当代经济科学》2017 年第 2 期。

表3.3　我国31个省级单位人力资本与物质资本存量最优比例、实际比例及其偏离度

地区	省份	1995年			2000年			2005年			2010年			2013年		
		最优比例	实际比例	偏离度	最优比例	实际比例	偏离度	最优比例	实际比例	偏离度	最优比例	实际比例	偏离度	最优比例	实际比例	偏离度
东北	辽宁	0.266	0.139	-0.127	0.254	0.194	-0.06	0.33	0.152	-0.178	0.452	0.141	-0.311	0.465	0.131	-0.334
	吉林	0.141	0.23	0.089	0.169	0.253	0.084	0.234	0.222	-0.012	0.376	0.181	-0.195	0.442	0.162	-0.28
	黑龙江	0.202	0.177	-0.025	0.199	0.196	-0.003	0.254	0.159	-0.095	0.255	0.286	0.031	0.309	0.246	-0.063
北部沿海	北京	0.348	0.17	-0.178	0.317	0.318	0.001	0.289	0.411	0.122	0.309	0.387	0.078	0.362	0.363	0.001
	天津	0.348	0.128	-0.22	0.374	0.164	-0.21	0.416	0.168	-0.248	0.501	0.16	-0.341	0.541	0.154	-0.387
	河北	0.163	0.112	-0.051	0.224	0.137	-0.087	0.29	0.126	-0.164	0.373	0.143	-0.23	0.412	0.125	-0.287
	山东	0.317	0.057	-0.26	0.196	0.183	-0.013	0.341	0.116	-0.225	0.383	0.143	-0.24	0.5	0.117	-0.383
东部沿海	上海	0.46	0.111	-0.349	0.445	0.173	-0.272	0.374	0.286	-0.088	0.367	0.339	-0.028	0.398	0.321	-0.077
	江苏	0.276	0.1	-0.176	0.356	0.096	-0.26	0.381	0.12	-0.261	0.405	0.153	-0.252	0.448	0.127	-0.321
	浙江	0.28	0.105	-0.175	0.296	0.149	-0.147	0.388	0.126	-0.262	0.344	0.19	-0.154	0.388	0.155	-0.233
南部沿海	福建	0.234	0.111	-0.123	0.217	0.228	0.011	0.288	0.151	-0.137	0.346	0.175	-0.171	0.437	0.157	-0.28
	广东	0.354	0.095	-0.259	0.301	0.152	-0.149	0.262	0.226	-0.036	0.25	0.296	0.046	0.329	0.239	-0.09
	海南	0.33	0.098	-0.232	0.27	0.154	-0.116	0.217	0.232	0.015	0.229	0.273	0.044	0.335	0.213	-0.122
黄河中游	山西	0.146	0.17	0.024	0.142	0.207	0.065	0.238	0.159	-0.079	0.264	0.236	-0.028	0.35	0.172	-0.178
	内蒙古	0.148	0.18	0.032	0.131	0.257	0.126	0.339	0.128	-0.211	0.462	0.13	-0.332	0.472	0.119	-0.353
	河南	0.067	0.136	0.069	0.063	0.182	0.119	0.132	0.165	0.033	0.26	0.169	-0.091	0.37	0.142	-0.228
	陕西	0.093	0.149	0.056	0.088	0.234	0.146	0.149	0.227	0.078	0.241	0.266	0.025	0.281	0.227	-0.054

续表

地区	省份	1995 年			2000 年			2005 年			2010 年			2013 年		
		最优比例	实际比例	偏离度	最优比例	实际比例	偏离度	最优比例	实际比例	偏离度	最优比例	实际比例	偏离度	最优比例	实际比例	偏离度
长江中游	安徽	0.042	0.139	0.097	0.058	0.177	0.119	0.124	0.182	0.058	0.263	0.173	-0.09	0.488	0.152	-0.336
	江西	0.033	0.14	0.107	0.049	0.236	0.187	0.184	0.159	-0.025	0.338	0.145	-0.193	0.478	0.136	-0.342
	湖北	0.149	0.13	-0.019	0.17	0.241	0.071	0.207	0.208	0.001	0.266	0.217	-0.049	0.325	0.205	-0.12
	湖南	0.035	0.189	0.154	0.057	0.277	0.22	0.109	0.224	0.115	0.189	0.23	0.041	0.325	0.213	-0.112
西南	广西	0.047	0.151	0.104	0.057	0.217	0.16	0.092	0.234	0.142	0.234	0.182	-0.052	0.34	0.175	-0.165
	四川	0.023	0.187	0.164	0.082	0.224	0.142	0.191	0.144	-0.047	0.283	0.156	-0.127	0.335	0.143	-0.192
	贵州	0.021	0.154	0.133	0.046	0.249	0.203	0.043	0.182	0.139	0.122	0.208	0.086	0.186	0.165	-0.021
	云南	0.057	0.156	0.099	0.077	0.224	0.147	0.094	0.258	0.164	0.154	0.282	0.128	0.159	0.263	0.104
大西北	甘肃	0.042	0.177	0.135	0.085	0.195	0.11	0.107	0.225	0.118	0.162	0.254	0.092	0.172	0.217	0.045
	青海	0.221	0.119	-0.102	0.212	0.173	-0.039	0.316	0.12	-0.196	0.297	0.191	-0.106	0.313	0.165	-0.148
	宁夏	0.204	0.112	-0.092	0.184	0.165	-0.019	0.291	0.134	-0.157	0.291	0.21	-0.081	0.323	0.2	-0.123
	新疆	0.279	0.135	-0.144	0.28	0.176	-0.104	0.296	0.188	-0.108	0.291	0.249	-0.042	0.306	0.209	-0.097

注：①港澳台地区因数据缺失，不在研究范围之内。②此处借鉴国务院发展研究中心八大经济区域的划分方法，从社会经济发展角度将全国划分为东北、北部沿海、东部沿海、南部沿海、黄河中游、长江中游、西南以及大西北八大区域。③各省级地区人力资本与物质资本最优比例的具体测算方法，可参见许岩等（2017）的《中国人力资本与物质资本的匹配及其时空演变》（载于《当代经济科学》2017年第2期）。

表现出了不同的特点。报告期内，东部地区的最优比例大体上维持在0.3 ~ 0.4的区间内，显著高于中、西部地区的0.1 ~ 0.3。这意味着相对于中、西部地区来说，东部地区的经济发展需要更高水平的人力资本。但是东部地区与中、西部地区间的这种差异在时间序列上呈现出逐步收窄的倾向。

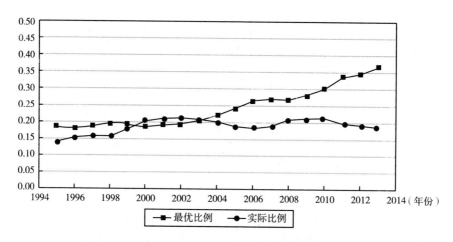

图3.1　全国人力资本与物质资本的最优比例与实际比例

注：不含港澳台地区的统计数据。

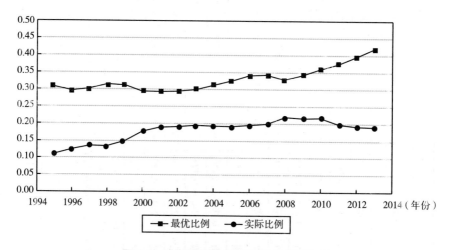

图3.2　东部地区的最优比例与实际比例

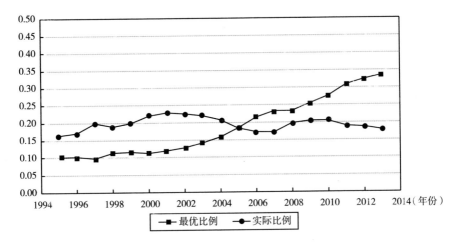

图3.3 中部地区人的最优比例与实际比例

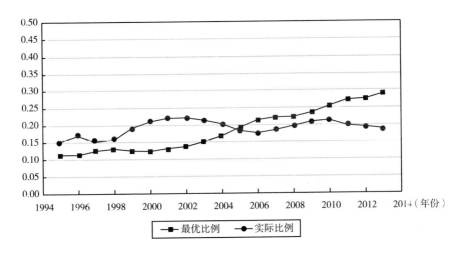

图3.4 西部地区的最优比例与实际比例

利用已经计算出的物质资本存量与人力资本存量的数据,我们进一步得到了各个省级区域人力资本与物质资本的实际比例(下文统一简称为实际比例)(见表3.3)。图3.1~图3.4中我们同样给出了各地区实际比例的变动趋势。从各地区最优比例与实际比例的比较当中可以看到:总体上来看,在报告期内,中国物质资本与人力资本的匹配程度还很不理想。且近年来,这种资本结构的失衡呈现出日益加剧的趋势。分地区来看,东部地区的实际比例始终显著低于最优比例，这说明东部地区的人力资本相对于物质资本而言一直处于相对短缺的状态。虽然从 1995～2000 年，两者之间的差距曾经出现过持续弥合的迹象，但随着全国范围内物质资本"投资潮涌"的出现，这一弥合的趋势戛然而止，并在 2008 年金融危机以后呈现出加速扩大的态势，到 2013 年，东部地区仍然是投资结构失衡最为严重的地区（见图 3.2）。

中、西部地区最优比例与实际比例的相对变动情况则较为复杂。可以2005 年为界，将时间轴划分为两个阶段：在 1995～2005 年这一时间段里中、西部地区人力资本与物质资本的实际比例要高于最优比例。这意味着该时期，中、西部地区的物质资本处于更为短缺的状态。由于改革开放的前二十年，东部地区是各项改革政策的主要受益者，由财政、外资所引导的物质资本投入集中向东部地区倾斜。根据张军（2003）的物质资本存量数据，1995 年、2000 年东部地区物质资本存量占到了全国物质资本总存量的 62.7% 和62.9%。这就使得广大中、西部地区始终面对着物质资本严重短缺的局面。但随着 2000 年国家西部大开发战略与 2005 年中部崛起战略的实施，物质资本投入开始向中、西部地区倾斜，中、西部地区物质资本稀缺的状态得到了很大程度的改善，并逐步从根本上扭转了物质资本存量相对短缺的情况。人力资本投资不足成为 2005 年以后中、西部地区资本结构失衡新的表现形式。和东部地区相似，2008 年以来中、西部地区实际比例与最优比例的差距也呈现出持续扩大的趋势，在最优比例持续高企的情况下，实际比例不但没有提高反而略有下降。

为了能够更加准确地刻画各地区实际比例与最优比例间的差距，本书通过构造一个偏离度指数来反映各省份实际比例相对于最优比例的偏离程度。如果用 R 表示人力资本存量与物质资本存量的实际比例，R^* 表示最优比例，θ 表示偏离度，则有 $\theta = R - R^*$。当 θ 大于 0 时，代表人力资本存量处于过剩的状态，而物质资本存量处于相对短缺的状态；当 θ 小于 0 时，则代表人力资本存量处于短缺的状态，而物质资本处于相对过剩的状态；当 θ 等于 0 时，代表人力资本存量与物质资本比例处于最优状态。θ 的绝对值越大表示实际比例相对最优比例的偏离程度越高。

3.3 中国城市人力资本的空间集聚特征

在前文中，我们基于全国以及省级地区的数据，分析和讨论了中国目前的人力资本分布状况。而在高速城镇化的过程中，城市越来越多地成为人力资本流动与集聚的基本节点，这正如马歇尔所说：劳动力的空间集聚更应该是一个"点"的问题。因此，在本节我们将利用 2000 年与 2010 年的人口普查数据，进一步分析和讨论近年来中国城市人力资本空间分布的最新趋势。需要说明的是，这里的城市指的是以 2010 年中国行政区划为准的 285 个地级及以上城市（不含港澳台地区）。所需的分析数据均来自各城市第五次人口普查与第六次人口普查的统计公报。

这里统一用人口中大学毕业生所占比例作为城市人力资本水平的评价指标。和省级地区数据分析相一致的是，2000～2010 年的城市人力资本同样经历了比较明显的增长阶段。图 3.5 中，X 轴表示 2000 年的城市人力资本水平，Y 轴表示 2010 年的城市人力资本水平。可以看到，所有城市的样本点都位于 45°斜线的上方，这意味着每个城市人口中的大学生比例都保持着上升的趋势。但是从样本点与 45°斜线的距离上会发现，这种人力资本的增长速度在不同城市间并不一致，2000 年具有较高人力资本水平的城市，2000～2010 年间人力资本的增长速度往往更快。为了更为清楚地说明这一点，我们在图 3.6 中以 2000 年的城市人力资本为 X 轴，以 2000～2010 年城市人力资本的增幅为 Y 轴绘制了散点图，通过散点图的趋势拟合线，可以清晰地看到城市人力资本增幅与 2000 年城市初始人力资本水平间存在着正相关性。这说明在 2000 年以后，城市人力资本的空间分布可能经历了非均衡的集聚过程，即高素质劳动力越来越集中地流向人力资本水平较高的城市。这一观测结果与省级数据的考察结果在逻辑上是吻合的，同时也与莫雷蒂（2004c）以 1980～2000 年美国人口普查城市数据得到的人力资本空间分布趋势相一致。

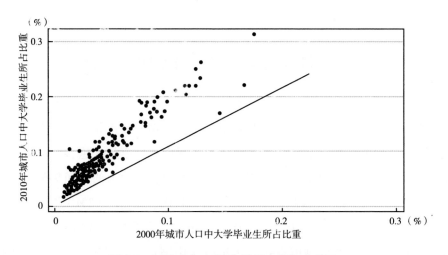

图3.5　2000年与2010年城市人力资本水平

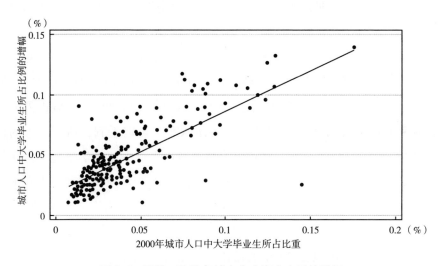

图3.6　2000～2010年城市人力资本水平的增幅

为了进一步对上述城市人力资本的分布趋势进行更为严格的检验，本书借鉴贝里和格莱泽（Berry & Glaeser，2005）的方法用最小二乘回归考察了城市初始人力资本水平对城市人力资本增幅的影响。表3.4为回归分析的结果，该表的（1）～（3）列报告的是采用2000～2010年城市人口中大学毕业生所占比重的增幅作为被解释变量的估计结果，可以看到2000年大学生所占比重每增加1%，大学生所占比例的增幅将提高0.6%左右，这一结果在控制了2000

年的城市规模、人均地区生产总值、城市产业结构以及城市人口中高中毕业生所占比重后依然是稳定的。考虑到大学生占比的增幅可能不符合标准的正态分布，在（4）列与（5）列中，将被解释变量替换为大学生增幅的自然对数，其估计结果仍然显示2000年城市人力资本水平越高，则2000~2010年人力资本的增幅就越快。

表3.4　　　　　　　　　初始人力资本水平对人力资本增幅的影响

变量	（1）	（2）	（3）	（4）	（5）
2000年大学毕业生比重	0.6385 *** (0.0395)	0.6146 *** (0.0529)	0.6703 *** (0.0801)	0.5878 *** (0.0481)	0.5902 *** (0.0758)
2000年高中毕业生比重			− 0.0508 (0.0548)		− 0.0054 (0.1349)
2000年城市人口（对数）		− 0.0002 (0.0031)	− 0.0016 (0.0035)	− 0.0459 (0.0622)	− 0.0467 (0.0652)
2000年城市人均GDP（对数）		0.0046 * (0.0027)	0.0054 * (0.0028)	0.1082 ** (0.0526)	0.1086 ** (0.0539)
产业结构		− 0.0094 *** (0.0035)	− 0.0098 *** (0.0035)	− 0.2115 *** (0.0632)	− 0.2116 *** (0.0634)
常数项	− 0.0200 *** (0.0018)	− 0.0367 (0.0230)	− 0.0227 (0.0275)	− 1.9299 *** (0.4457)	− 1.9282 *** (0.4485)
R^2	0.4786	0.5444	0.5541	0.5945	0.5929
样本量	261	261	261	261	261

注：①***、**、*分别表示1%、5%、10%的显著性水平，括号内数字为标准误；②产业结构以城市第三产业产值与第二产业产值的比重来表示；③上述回归的原始数据来自2001年的《中国城市统计年鉴》以及第五次与第六次全国人口普查的城市数据。

此外，为了对中国城市人力资本的上述非均衡集聚过程进行更加全面的评估，本书进一步选择了四个指标来评价城市人力资本的分布差异，这四个指标包括城市人力资本的均值、标准差、四分位差与孤立系数。其中，四分位差可以测量一组数据的离散程度，与标准差相比，它可以规避数据极端值对测量结果造成的影响。而孤立系数则主要测量了一个大学毕业生周围的人群中具有高等学历人口的平均比重。孤立指数的取值范围为0~1，数值越大则表示人力资本的集聚水平越高。其取值为0时，表示大学毕业生在空间上是完全孤立的，而当其取值为 1 时，则表示大学毕业生在空间上是完全集聚的。借鉴李天建和侯景新（2015）的做法，城市人力资本孤立指数的具体计算公式如下：

$$\text{孤立系数} = \sum \frac{i\,\text{城市大学毕业生人数}}{i\,\text{城市人口数}} \times \frac{i\,\text{城市大学毕业生人数}}{\text{大学毕业生总数}} - \frac{\text{大学毕业生总数}}{\text{城市人口总数}}$$

表 3.5 显示了以上四个平均指标的具体结果。从全国以及各大区域的城市人力资本均值来看，10 年间均增长了 1 倍以上。与之相对应的是城市人力资本的标准差与四分位差以都有比较明显的增幅，这也进一步说明中国城市人力资本分布的离散程度在逐步扩大。最后，我们重点来看城市人力资本孤立系数的变动情况。从全国范围来看，孤立指数从 2000 年的 0.0342 上升至2010 年的 0.0637，增幅达到 0.0295。这意味着，即使在不考虑居民受教育水平普遍提高的情况下，平均来看，一个大学毕业生周围具有高等学历的人口比例，从 2000 年的 3.42% 上升至 2010 年的 6.37%，城市人力资本的集聚水平有显著的提高。而如果考虑居民受教育水平的普遍提升，孤立系数将有进一步上升的空间。与全国的孤立系数变化情况相类似，东、中、西部地区的孤立系数也都呈现出上升的趋势，这说明城市层面上的人力资本空间集聚是一种普遍存在于各地区的经济现象。

表 3.5　　　　　　　　　　中国城市人力资本空间分布的变动

地区	年份	均值	标准差	四分位差	孤立系数
全国	2000	0.0369	0.0273	0.0220	0.0342
	2010	0.0810	0.0485	0.0611	0.0637
东部	2000	0.0411	0.0299	0.0283	0.0356
	2010	0.0902	0.0526	0.0574	0.0496
中部	2000	0.0346	0.0217	0.0269	0.0264
	2010	0.0750	0.0423	0.0278	0.0411
西部	2000	0.0344	0.0322	0.0208	0.0267
	2010	0.0779	0.0511	0.0434	0.0453

注：因港澳台地区数据缺失，所以本表不含港澳台地区的统计数据。

4 中国城市人力资本外部性的测量及其异质性时空分布

从前文对相关文献的梳理与回顾中，我们可以发现人力资本对经济发展的重要作用很大程度体现在人力资本的外部性上。城市经济学也将知识、信息、技术在城市居民相互交流过程中产生的人力资本外部性看作是城市集聚及城市高生产力的重要原因（Lucas，2001；Duranton，2004）。虽然，近年来对人力资本外部效应的实证检验取得了较大的进展，大部分经验性研究确实捕捉到了城市人力资本外部性存在的证据（Acemoglu & Angrist，2000；Moretti，2004a；Liu，2006；Glaeser & Lu，2014），但是在一些基础性问题上，有关城市人力资本外部性的经验性研究还与其传统的逻辑重要性很不相称，而基于中国经验的研究则更是寥若晨星。

针对城市人力资本外部效应的探索，对于中国经济来说有着非常重要的现实意义。目前，中国正处在努力推进以人为核心的新型城镇化的重要历史阶段，城市人口以及人力资本的加速集聚将是未来城市发展的主旋律。在这一过程中，如何充分发挥人的作用、实现人的价值，如何实现城市经济的"包容式发展"，使城市发展的成果为广大城市居民所共享是一个既影响效率又关乎公平的重要命题。那么对于中国来说，在经历了高校扩招及十多年的高速城镇化之后，人力资本在中国城市部门的集聚有没有形成显著的人力资本外部效应呢？为了回答这一问题，本书将利用中国家庭收入调查（CHIP）2013 年、2007 年、2002 年的城镇人口调查数据，实证考察中国城市人力资本外部性及其异质性的时空分布。

4.1 估计策略的逻辑：一个理论模型

参考莫雷蒂（2004a）、刘志强（2006）、格莱泽和陆铭（2014）的方法，这里我们采用城市人力资本工资溢价的办法来对人力资本的外部效应进行考察。之所以采用这种办法，主要是基于以下考虑：

（1）以工资溢价来考察人力资本的策略是目前理论界采用最为广泛，同时在技术上也是最为成熟的手段。

（2）劳动者在生产领域的互动是人力资本外部效应得以产生的微观基础，如果不能在劳动者个人的层面上观测到人力资本外部性存在的证据，那么再为翔实的证据也无异于没有基础的空中楼阁。

（3）从实证研究所需的数据上来看，目前国内关于劳动者个人微观数据的调查是相对充分的，而企业数据和土地价格数据的使用都还存在着诸多限制。

为了更加详细地展现这种方法的研究思路，本书在莫雷蒂（2004c）比较静态分析的基础上，通过建立一个理论模型进一步刻画通过劳动者工资溢价来考察城市人力资本外部效应的逻辑。假定：一个经济体由 J 个不重叠的城市组成；所有城市的企业和工人只生产一种产品，企业、工人与产品可以在不同城市间自由流动，且流动成本为零；土地的供给是固定的，并且在消费领域和生产领域同时使用；城市人力资本水平越高，人力资本的外部效应越强，即企业的生产效率与城市人力资本水平正相关。

对于工人来说，进一步假设城市工人的效用函数由产品消费与住房消费两部分构成。工人在城市 j 只消费一种商品 Q。由于产品可以在不同城市间自由流动，因此，不同城市将面对着同样的产品价格，这里把它设为 1。同时，工人对住房土地的需求为 L_j，住房租金价格记为 r_j。工人在城市 j 的效用函数则可以表示为：

$$U_j = Q_j^\alpha L_j^{1-\alpha}, \quad 0 < \alpha < 1 \tag{4.1}$$

如果工人在城市 j 的工资为 w_j，那么城市工人的预算约束条件则为：

$$w_j = Q + L_j r_j \tag{4.2}$$

在此预算约束条件下，可以建立城市工人效用最大化的拉格朗日函数：

$$\max l = Q_j^{\alpha} L_j^{1-\alpha} + \lambda (w_j - Q - L_j r_j) \tag{4.3}$$

拉格朗日函数关于 Q 与 L 的两个一阶条件分别为：

$$\frac{\partial l}{\partial Q_j} = \alpha Q_j^{\alpha-1} L_j^{1-\alpha} - \lambda = 0 \tag{4.4}$$

$$\frac{\partial l}{\partial L_j} = (1-\alpha) Q_j^{\alpha} L_j^{-\alpha} - \lambda r_j = 0 \tag{4.5}$$

求解式（4.4）与式（4.5），可以得到：

$$(1-\alpha) Q_j = \alpha L_j r_j \tag{4.6}$$

将式（4.6）代入式（4.4）、式（4.5）分别可得：

$$Q_j = \alpha w_j \tag{4.7}$$

$$L_j = (1-\alpha) w_j / r_j \tag{4.8}$$

将式（4.7）与式（4.8）代入效用函数，可以得到 j 城市工人的间接效用函数：

$$V_j = w_j r_j^{\alpha-1} (1-\alpha)^{1-\alpha} \alpha^{\alpha} \tag{4.9}$$

工人的可自由流动意味着，工人在不同的城市间必须享受到相同的效用，否则工人就会有在城市间发生迁徙，进而引起工资 w 与房屋租金 r 进行相应的调整，直到不同城市间的工人享受到相同的效用为止。即，对所有城市 j 与城市 j' 来说均有 $V = V_j = V_{j'}$（j、$j' = 1, 2, 3, \cdots, J$）。

对于 j 城市的企业来说，进一步假设，市场是完全竞争的，企业生产需要土地与工人两种投入要素，且生产函数是规模报酬不变的柯布—道格拉斯（Cobb-Douglas）生产函数形式，则企业的生产函数可以表述为：

$$Y_j = F(H_j) M_j^{\beta} N_j^{1-\beta}, \quad 0 < \beta < 1 \tag{4.10}$$

其中，Y 是企业的总产出，M 是企业的工人投入数量，N 是企业的土地投入数量。转换函数 $F(H_j)$ 表示城市人力资本的外部效应，H_j 代表城市 j 的人力资本水平，且 $\partial F(H_j)/\partial H_j > 0$，表示随着城市人力资本水平的上升，企业的产出也会得到提高。

企业的成本函数为：

$$C = M_j w_j + N_j r_j \tag{4.11}$$

企业所面临的问题就是如何实现其利润最大化：

$$\max \pi_j = F(H_j) M_j^{\beta} N_j^{1-\beta} - (M_j w_j + N_j r) \tag{4.12}$$

通过对 M 和 N 求偏导，我们可以得到实现利润最大化的一阶条件：

$$\frac{\partial \pi_j}{\partial M_j} = \beta F(H_j) M_j^{\beta-1} N_j^{1-\beta} - w_j = 0 \tag{4.13}$$

$$\frac{\partial \pi_j}{\partial N_j} = (1-\beta) F(H_j) M_j^{\beta} N_j^{-\beta} - r_j = 0 \tag{4.14}$$

对式（4.13）与式（4.14）进行求解，可以得到：

$$\frac{M_j}{N_j} = \frac{\beta r_j}{(1-\beta) w_j} \tag{4.15}$$

把式（4.15）代入式（4.14）并整理，可以得到企业产出最大时 w_j 与 r_j 的关系表达式：

$$w_j^{\beta} = F(H_j)(1-\beta)^{1-\beta} \beta^{\beta} r_j^{\beta-1} \tag{4.16}$$

根据上述工人与企业同时达到均衡的条件，对式（4.9）与式（4.16）两边取对数：

$$\ln V_j = \ln w_j + (\alpha-1)\ln r_j + (1-\alpha)\ln(1-\alpha) + \alpha \ln \alpha \tag{4.17}$$

$$\beta \ln w_j = \ln F(H_j) + (\beta-1)\ln r_j + (1-\beta)\ln(1-\beta) + \beta \ln \beta \tag{4.18}$$

对式（4.17）与式（4.18）进行求解，则可以得到由城市人力资本水平 H_j 所决定的 w_j：

$$\ln w_j = \frac{(1-\alpha)\ln F(H_j)}{(1-\alpha\beta)} + G(\alpha, \beta, V) \tag{4.19}$$

其中：

$$G(\alpha,\beta,V) = [(1+\alpha)(1-\beta)\ln V + (1-\alpha)(\beta-1)\ln(1-\alpha) + \alpha(\beta-1)\ln\alpha$$
$$+ (1-\alpha)(1-\beta)\ln(1-\beta)]/(1-\alpha\beta)$$

为了进一步判断 w_i 与 H_i 的数量关系，我们进一步通过式（4.19）求 $\ln w_j$ 对 H_j 的偏导数：

$$\frac{\partial \ln w_j}{\partial H_j} = \frac{1-\alpha}{1-\alpha\beta} \times \frac{1}{F(H_j)} \times \frac{\partial F(H_j)}{\partial H_j} \qquad (4.20)$$

由于模型中已经假设 $\partial F(H_j)/\partial H_j > 0$，因此，可以得到，$\partial \ln w_j/\partial H_j > 0$。这意味着如果确实存在着人力资本外部效应的话，那么城市人力资本水平较高的地区，将会出现较高的工资溢价，我们可以通过对人力资本工资溢价效应的观测来考察城市人力资本外部效应的强度。根据以上分析，本书构建计量方程如下：

$$\ln w_{ij} = c + \theta H_j + \alpha' X_{ij} + \beta' City_j + \varepsilon_{ij} \qquad (4.21)$$

其中，$\ln w_{ij}$ 代表劳动力的对数工资，c 为常数项，X_{ij} 为可能影响劳动者收入的个人特征向量。根据文献，本书控制的个人特征包括：性别、婚姻状况、健康状况、个人受教育年限、工作经验及工作经验的平方项、工作岗位（是否为管理岗位或技术岗位）、劳动合同性质（是否有长期劳动合同）。城市人力资本水平 H_j 是模型中的核心解释变量，用城市大学毕业生在人口中所占的比重来表示。为了降低内生性问题可能造成的估计偏误。我们尽可能地控制同时影响城市人力资本水平和劳动力工资收入的城市特征。$City_j$ 就是反映这些城市特征的向量。这些城市特征控制变量包括：城市规模、城市物质资本水平、外商直接投资、城市交通条件、城市医疗条件、城市环境条件、城市地理位置。

4.2 数据来源及处理

本书数据主要包括两个部分：第一部分是反映劳动者特质的个人微观

数据；第二部分是反映城市特征的数据。劳动者的微观数据来自中国家庭收入调查（CHIP）。具体来说，本书使用的数据主要为 2013 年中国家庭收入调查（CHIP2013）的城市调查数据。同时，在考察城市人力资本外部性时间维度上发展趋势时也配合使用了 CHIP2002 与 CHIP2007 的城市调查数据。CHIP 数据的调查采取了多层随机抽样的方法，按照东、中、西分层，根据系统抽样方法抽取得到 CHIP 样本。2013 年的城市数据涵盖了北京、重庆、山西、辽宁、江苏、安徽、山东、河南、湖北、湖南、广东、四川、云南、甘肃 14 个省级行政区的 126 个城市（去掉县级城市后共 122 个地级城市），其中包括 7175 份城市住户样本，30000 份个人样本。为了使本书的分析结果更为准确，我们对以上数据进行了适当的裁剪，用于经验性研究的数据只包括当年在职的工资性劳动者，即退休、下岗、失业的住户人员不包括在内。此外，我们进一步对收入、受教育年限、性别、工作经验、健康状况等个人特质数据不完整的观测样本进行了剔除。最后，共得到有效个人样本 9611 份。反映城市特质的数据来自 2003 年、2008 年、2014 年的《中国城市统计年鉴》、各城市第五次、第六次人口普查以及 2005 年 1% 人口抽样调查的统计公报与谷歌地图。以下是核心解释变量与被解释变量的说明。

个人劳动工资：在不同计量模型中分别以劳动者从事主要工作的名义月对数工资（包括从该工作中得到的奖金、补贴及实物折现）或名义小时对数工资来表示①。由于 2013 年、2002 年的 CHIP 数据并没有直接提供劳动者的月工资，而提供的是年工资收入数据，因此，上述年份的月工资数据以劳动者从事主要工作的年工资性收入除以每年的平均劳动月数所得。而 2007 年的劳动者月平均工资则直接从 CHIP 数据中获得。劳动者的小时工资则根据"小时工资＝月工资/每月工作天数/每天工作小时数"的公式计算所得。

---

① 莫雷蒂（2003）认为，在有关人力资本外部效应的实证分析中需要使用名义工资，根据物质指数调整后的工资不是合适的被解释变量。理由是，城市的名义工资越高意味着生产率越高。如果工人没有较高的生产率，那些生产全国贸易品的企业就会离开高工资城市而迁往低工资城市。由于生产贸易品的企业在全国范围面对的是相同的价格，因此，只要每个城市都有生产贸易品的企业存在，那些名义工资较高的城市其生产率也必须较高。

城市人力资本水平：借鉴莫雷蒂（2004）以及常庆福等（2016）的做法，以大学毕业生占城市人口比例的自然对数来表示。城市人口及各教育层次在人口中所占的比例来源于各城市第六次人口普查的统计公报。由于人口普查每十年才进行一次，因此，这里我们以 2010 年、2005 年、2000 年的三次人口普查数据（1% 人口抽样调查数据）分别作为 2013 年、2007 年以及 2002 年城市人力资本水平的替代变量。考虑到人口结构的变动是一个相对缓慢的过程，本书认为这一替代办法并不会对实证分析结果造成太大的影响。

个人特质控制变量：性别：男性取值为 0，女性取值为 1。婚姻状况：未婚、离异、丧偶等其他情况取值为 0；已婚取值为 1。健康状况：根据受访者自评的健康状况，赋值为 0~4 的整数，分别对应"非常不健康""不健康""一般""健康""非常健康"。受教育程度：以受访者接受的正规受教育年限表示。工作经验：以劳动者从事目前职业的工作年限来表示。工作年限的平方：以劳动者从事目前职业工作年限的二次项来表示。工作岗位：专业技术人员、干部或企事业单位负责人取值为 1；否则为 0。劳动合同性质：固定职业与长期合同取值为 1；短期劳动合同、无劳动合同、其他取值为 0。以上数据均来自历年 CHIP 的城市人口调查。

城市特征控制变量：城市规模，以城市市辖区人口的自然对数来表示。物质资本存量，以该城市人均物质资本存量的自然对数来表示，其计算公式为："人均物质资本存量 = 城市物质资本总量（万元）/城市人口（万人）"，柯善咨、向娟（2012）[①] 运用永续盘存法估算了 1996~2009 年中国 286 个地级及以上城市的固定资本存量。本书在其基础上进一步核算了样本城市 2013 年的人均物质资本存量。外商直接投资，以五年内外商直接投资占地区 GDP 的均值（按同期汇率折算成人民币）来表示。城市交通，以人均道路铺装面积（平方米）来表示。城市医疗，以万人拥有医院卫生院床位数（张）的自

---

① 由于柯善咨、向娟在《1996—2009 年中国城市固定资本存量估算》（刊于《统计研究》2012 年第 7 期）一文中并没有公布各城市固定资本存量的测量数据，而向娟在其硕士学位论文《中国城市固定资本存量估算》中则公开了全部测量结果，因此本书所使用的城市固定资本存量引用自该学位论文，并在此向作者表示感谢。

然对数来表示。城市环境，以年均空气质量指数来表示，该取值越大说明城市环境越差。城市地理位置，分别采用城市的经度与纬度来表示。各城市经、纬度数据均来自谷歌地图。城市人力资本水平与劳动者工资水平的散点图如图 4.1 所示。2013 年各变量的描述性统计见表 4.1。

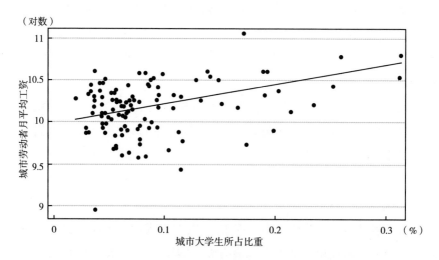

图 4.1　工人月对数工资与城市人力资本的散点图

资料来源：作者根据 2013 年 CHIP 城市调查数据整理所得。

表 4.1		变量的描述性统计		
变量	均值	标准差	最大值	最小值
个人特质变量				
月工资（对数）	10.283	0.813	14.403	3.912
小时工资（对数）	2.519	0.846	6.437	1.113
性别	0.49	0.496	1	0
婚姻状况	0.898	0.303	1	0
健康状况	1.872	0.746	4	0
个人教育	11.645	3.362	22	0
工作经验	16.103	6.861	42	0
工作岗位	0.522	0.499	1	0
劳动合同性质	0.491	0.499	1	0

变量	均值	标准差	最大值	最小值
城市特征变量				
城市规模	178.187	220.569	1787	23
城市人力资本	0.084	0.054	0.315	0.018
城市物资资本	20890.83	20347.61	98039.78	1948.27
外商直接投资	0.021	0.185	0.114	0
城市交通	11.884	6.013	37.03	1.04
城市医疗	169.336	110.813	735.28	25.365
城市环境	55.688	17.283	102.3	22.3
城市经度	113.197	6.258	124	98
城市纬度	32.426	5.334	42	22

4.3　模型的估计结果

4.3.1　OLS 的估计结果

为了了解现阶段城市人力资本外部性的总体强度，本书首先利用最新公布的 CHIP2013 数据，估计 2013 年中国城市人力资本外部性的平均强度。表4.2 为 OLS 估计结果。模型（1）的估计结果显示，在控制了性别、婚姻、健康、个人教育、工作经验等个人特质的情况下，城市人力资本的回归系数为0.1991，且在 1% 的水平上显著。这意味着，城市人力资本水平每提高 1%，工人的工资将提高 0.1991%。如前面所述，由于遗漏解释变量的问题，模型（1）的估计结果还不能作为存在人力资本外部性的证据。为此我们依次在回归方程中加入反映城市特质的控制变量。模型（2）与模型（3）则分别报告了加入城市特征控制变量后的估计结果，与模型（1）相比，虽然城市人力资本系数有所下降，但是均保持在 0.1 以上，且都通过了 1% 水平的显著性检验。此外，考虑到城市规模效应（如金融外部性等其他外部效应）的存在，即使在不存在人力资本外部效应的情况下，城市扩大所形成的规模效应也可能使我们得到显著的工资溢价（城市人力资本水平与城市规模在统计上是正相关的）。因此，模型（4）中进一步控制了城市的规模特征。在将城市规模纳入回归方程后可以发现，城市规模的回归系数显著为正，这说明城市扩大而产生的规模效应确实提高了劳动力的工资水平。但这并没有影响关于人力资本外部效应的检验结果，我们依然观测到了显著的城市人力资本工资溢价。

表 4.2   OLS 的估计结果

变量	模型（1）	模型（2）	模型（3）	模型（4）
城市人力资本	0.1991 *** (0.0116)	0.1022 *** (0.0249)	0.1206 *** (0.0311)	0.1542 *** (0.0317)
性别	-0.2711 *** (0.0149)	-0.2699 *** (0.0151)	-0.2710 *** (0.0146)	-0.2712 *** (0.0146)
婚姻状况	0.2398 *** (0.0252)	0.2365 *** (0.0259)	0.2364 *** (0.0252)	0.2357 *** (0.0252)
健康状况	0.1006 *** (0.0100)	0.0971 *** (0.0102)	0.0960 *** (0.0099)	0.0961 *** (0.0098)
个人教育	0.0621 *** (0.0026)	0.0631 *** (0.0026)	0.0613 *** (0.0025)	0.0612 *** (0.0025)
工作经验	0.0059 *** (0.0008)	0.0060 *** (0.0009)	0.0068 *** (0.0008)	0.0067 *** (0.0008)
工作经验平方	-0.00001 *** (0.0000)	-0.00001 *** (0.0000)	-0.00001 *** (0.0000)	-0.00001 *** (0.0000)
工作岗位	0.0554 *** (0.0164)	0.0574 *** (0.0167)	0.0611 *** (0.0162)	0.0632 *** (0.0162)
劳动合同性质	0.1879 *** (0.0180)	0.1842 *** (0.0183)	0.1994 *** (0.0178)	0.1993 *** (0.0178)
城市物质资本存量		0.0737 *** (0.0177)	0.0226 (0.0189)	-0.0414 * (0.0223)
城市外商直接投资		-1.126 ** (0.462)	-3.3571 *** (0.5149)	-3.1099 *** (0.5163)
城市交通		0.0091 *** (0.0012)	0.0044 *** (0.0014)	0.0081 *** (0.0015)

续表

变量	模型（1）	模型（2）	模型（3）	模型（4）
城市医疗			0.1176 *** (0.0138)	0.0094 (0.0248)
城市环境			−0.0036 *** (0.0006)	−0.0027 *** (0.0006)
城市纬度			−0.0137 *** (0.0020)	−0.0134 *** (0.0020)
城市经度			0.0146 *** (0.0017)	0.0139 *** (0.0017)
城市规模				0.1156 *** (0.0220)
R^2	0.2259	0.2306	0.2498	0.2519
样本数	9611	9611	9611	9611

注：① *** 、 ** 、 * 分别表示 1%、5%、10% 的显著性水平；②括号内数字是经过城市层面聚类调整的稳健标准误。

　　控制变量方面 [以表 4.2 模型（4）报告的数据为标准]，"男性"与"已婚"显著提高了劳动力的工资水平，男性的月工资收入要比女性高 27.12%，而已婚人员与未婚人员的工资差距也达到 23.55%。健康情况的改善显著提高了工资收入。个人受教育程度的增加也提高了劳动者的工资水平，受教育时间每增加一年，劳动者的工资将增加 6% 左右。工作经验有利于工资水平的提高，但工作经验的平方项显著为负，说明工作经验对劳动工资的影响呈现出倒 U 形的趋势，在达到拐点之前工作经验的工资回报为正，但是工资回报率的增长速度将表现出边际递减的特点。此外，"技术人员或干部"岗位上的劳动者以及具有"固定职业或长期劳动合同"的劳动者均有着较高的工资收入。技术人员或干部要比普通工人的工资高 6.75%。具有固定职业或长期劳动合同的劳动力工资要比持短期合同或没有合同的劳动力工资高 19.92%。城市特征变量方面，城市交通、医疗状况的改善，对工资水平产生了显著的促进效应，而环境质量的恶化则抑制了工资水平的提高，这与我们的预期保持一致。同时，城市的地理位置也对工资水平产生了显著的影响，基本趋势为由西向东、由北向南工资水平渐次提高。但和我们预期相反的是，城市物质资本与外商直接投资非但没有提高劳动者的工资水平，反而降低了工资收入。这说明，在 2013 年的经济背景下，以往高度依赖于固定资产投资的城市其劳动生产率更低，投资驱动型的经济模式已经遇到了边际报酬递减所形成的增长"天花板"。另外，近年来随着东部发达地区劳动力成本的提高，外资企业越来越倾向投资于劳动力成本较低的欠发达地区，这可能也是造成外商直接投资与预期结论相反的重要原因。

4.3.2　两阶段最小二乘回归（2SLS）的估计结果

虽然 OLS 回归捕捉到了人力资本外部性存在的证据，但简单接受 OLS 的估计结果仍然还过于草率。由于人力资本在城市间并不是随机分布的，劳动者会根据收入、个人能力、偏好以及生活的成本来内生地选择居住的城市。工资水平高的城市往往对受教育水平高的劳动者更具吸引力，即城市人力资本既可能是劳动工资提高的原因，也可能是劳动工资提高的结果。因此在工资方程中，城市人力资本水平与劳动者工资可能是两个内生变量。本书解决内生性问题的策略是寻找城市人力资本水平的工具变量，然后采用 2SLS 对计量方程进行估计。

选择工具变量的关键在于同时满足两个条件：一是所选择的工具变量要与城市人力资本水平高度相关；二是所选择的工具变量要与工人工资水平无关。这里以 1990 年大学毕业生在城市人口中所占的比重与各城市劳动者的兄弟姐妹平均数量作为城市人力资本水平的工具变量。计量经济学中以解释变量的滞后期作为工具变量是一种比较常用的方法，特别是在 1990 年，中国仍旧延续着计划经济条件下大学毕业生统一分配的就业制度（1951～1996 年），政策性因素是决定大学毕业生地理分布的主导力量。同时再考虑到 1990 年中国依然保持着对户籍制度的强控制，跨区域的人口流动仍然受到严格限制[1]，工资、生活环境等市场化力量对大学毕业生空间分布的影响十分有限。因此，

---

① 根据第四次全国人口普查与第六次全国人口普查所得到的数据，1990 年全国流动人口规模为 2135 万，仅为 2010 年全国流动人口规模的十分之一左右（段成荣等，2008，2013）。

理论上1990年的城市人力资本水平与2013年的城市人力资本水平是相关的，但是与2013年工人的工资水平无关。而选择城市劳动者的兄弟姐妹平均数量作为工具变量的理论依据在于，劳动经济学上有一个经典的议题叫"数量与质量间的权衡"（quality-qutantity tradoff）。这个议题的基本观点是指，家庭孩子的数量与孩子的质量会呈负相关关系，即孩子数量的增加会降低其质量，反之亦然（Becker & Lewis，1973）。来自中国的证据也发现，家庭孩子数量的增加会减少父母的人力资本投资（Wu & Li，2012）。因此，城市劳动者的兄弟姐妹平均数量与城市人力资本水平是相关的，而与当期的劳动者工资水平不相关，是一个比较理想的工具变量。CHIP2013的调查问卷中增加了被访者兄弟姐妹数量的选项，这使得我们的数据来源成为可能。

表4.3是2SLS的估计结果。从2SLS估计结果中可以看到，城市人力资本系数在所有模型当中都为正，且均在1%的水平上通过了显著性检验。此外，各模型的工具变量弱识别检验与Sargan检验均显示工具变量的选择是有效的。这意味着，城市人力资本水平每提高1%，劳动者的月工资将上涨0.082% ~ 0.202%，大量高素质劳动力在城市的集聚确实形成了显著的人力资本外部效应。从表4.2与表4.3估计结果的比较上来看，虽然OLS回归会造成城市人力资本外部性的估计偏误，但是程度并不大。这也进一步说明，在对劳动力个人变量与城市特征变量进行有效控制的情况下，可以有效减轻内生性问题所造成的估计偏差。为了稳健起见，在后文的实证分析中，将同时报告OLS与2SLS的估计结果。控制变量的估计结果与OLS基本一致，这里不再赘述。

表4.3 　　　　　　　　　　　**两阶段最小二乘回归的估计结果**

变量	模型（1）	模型（2）	模型（3）	模型（4）
城市人力资本	0. 2017 *** (0. 0121)	0. 0816 *** (0. 0284)	0. 0949 *** (0. 0376)	0. 1476 *** (0. 0387)
性别	− 0. 2711 *** (0. 0148)	− 0. 2710 *** (0. 0148)	− 0. 2710 *** (0. 0146)	− 0. 2712 *** (0. 0146)
婚姻状况	0. 2399 *** (0. 0255)	0. 2334 *** (0. 0255)	0. 2357 *** (0. 0252)	0. 2355 *** (0. 0251)
健康状况	0. 1007 *** (0. 0100)	0. 0962 *** (0. 0099)	0. 0959 *** (0. 0099)	0. 0960 *** (0. 0098)

续表

变量	模型（1）	模型（2）	模型（3）	模型（4）
个人教育	0.0620 *** (0.0026)	0.0631 *** (0.0026)	0.0615 *** (0.0025)	0.0613 *** (0.0025)
工作经验	0.0059 *** (0.0008)	0.0067 *** (0.0008)	0.0068 *** (0.0008)	0.0067 *** (0.0008)
工作经验 的平方	− 0.00001 *** (0.0000)	− 0.00001 *** (0.0000)	− 0.00001 *** (0.0000)	− 0.00001 *** (0.0000)
工作岗位	0.0554 *** (0.0164)	0.0589 *** (0.0164)	0.0611 *** (0.0162)	0.0632 *** (0.0162)
劳动合同性质	0.1879 *** (0.0180)	0.1782 *** (0.0179)	0.1991 *** (0.0178)	0.1993 *** (0.0178)
城市物质资本存量		0.0831 *** (0.0196)	0.0352 (0.0214)	− 0.0379 (0.0254)
城市外商 直接投资		− 1.0043 ** (0.4561)	− 3.4904 *** (0.5260)	− 3.1447 *** (0.5290)
城市交通		0.0090 *** (0.0012)	0.0046 *** (0.0014)	0.0082 *** (0.0015)
城市医疗			0.1229 *** (0.0145)	0.0116 (0.0258)
城市环境			− 0.0033 *** (0.0006)	− 0.0027 *** (0.0006)
城市纬度			− 0.0130 *** (0.0021)	− 0.0133 *** (0.0021)
城市经度			0.0144 *** (0.0017)	0.0139 *** (0.0017)
城市规模				0.1146 *** (0.0221)
工具变量的 弱识别检验	8885 [0.000]	7051 [0.000]	6562 [0.000]	6437 [0.000]
Sargan 检验	3.300 [0.0693]	2.831 [0.0922]	2.469 [0.1161]	1.667 [0.1967]
中心 R^2	0.2259	0.2333	0.2510	0.2532
样本数	9611	9611	9611	9611

注：①***、**分别表示1%、5%的显著性水平，括号内数字是经过城市层面聚类调整的稳健标准误；②2SLS 估计中显示的是中心 R^2；③这里省略了第一阶段回归的结果。

4.3.3 稳健性检验

本书实证分析的基本思路是通过城市人力资本的工资溢价来对城市人力资本的外部效应进行观测。但这种替代策略在以下两个方面存在着潜在的风险。一方面，在粘性工资的条件下，劳动工资并不能精确地随着生产效率的改变而改变。虽然有关研究认为，中国国有企业与非国有企业是按照边际生产率支付工人工资的（Dong & Zhang, 2009）。但在党政机关、事业单位等非市场化部门，劳动者的名义工资在很大程度上是由工作人员与工作单位的长期合约决定的，名义工资不能及时而迅速地对劳动生产效率的实时变动做出反应。长期的劳动合约往往只反映出职位与工作年限的差异，而不能真实地反映一个劳动者的劳动效率。另一方面，使用月工资对工资水平进行测量很可能忽视了劳动时间的影响。在劳动者无力通过改进劳动效率来提高工资水平的情况下，他们往往更倾向于通过延长劳动时间来实现同样的目标。因此，较高的月工资水平并不必然代表较高的劳动生产效率。

为了回应以上问题，这里将在对样本数据进行再处理的基础上进行稳健性检验。具体的做法为：首先，为了规避粘性工资的影响，我们对来自党政机关、事业单位的个人样本进行了剔除，并利用剩余的样本进行检验。然后，按照劳动者的月工作时间，将被解释变量由月工资转化为小时工资并重新进行回归分析。最后，考虑到劳动者工资较大的变异性，不排除一些特殊情况下可能出现异常值的风险，为了克服样本极端值对回归结果的影响，本书进一步通过使用中位数回归①估计了城市人力资本的系数。此外，本书又进一步根据性别将劳动力总样本分为男性劳动力与女性劳动力，并分别利用他（她）们的月工资进行了实证检验。从表 4.4 的稳健性检验中可以看到，无论是剔除体制内样本后的分析结果，还是以小时工资作为被解释变量的回归结果，

---

① 中位数回归也叫"最小绝对离差估计量"（least absolute deviation estimator），由于中位数回归的估计思路是通过使加权误差绝对值之和最小化得到参数的估计结果，因此它的估计结果不易受到样本极端值的影响。

除了城市人力资本回归系数有小幅波动以外，主要结果与前文的分析是一致的。此外，从男性劳动力、女性劳动力数据的实证结果上来看，与原模型也没有显著的差异。这也进一步说明本书的研究结果是稳健的。

表4.4 稳健性检验结果

项目	城市人力资本的 OLS 回归系数	城市人力资本的 2SLS 回归系数
剔除体制内样本	0.1574 *** (0.0388)	0.0975 ** (0.0480)
被解释变量为小时工资	0.2092 *** (0.0316)	0.2017 *** (0.0386)
中位数回归的估计结果	0.1391 *** (0.0271)	0.1418 *** (0.0331)
被解释变量为 男性劳动力月工资	0.1709 *** (0.0422)	0.1288 *** (0.0515)
被解释变量为 女性劳动力月工资	0.1381 *** (0.0477)	0.1716 *** (0.0581)

注：① *** 、** 分别表示1%、5%的显著性水平，括号内数字是经过城市层面聚类调整的稳健标准误；②这里控制变量的选择与表4.3模型4相同，控制变量的估计结果不再详细报告。

4.4 中国城市人力资本外部性的时空演变

4.4.1 中国城市人力资本外部性在时间上的发展趋势

为了考察中国城市人力资本外部效应在不同时间上的变化，本书在2013年截面数据分析的基础上，又利用2002年、2007年的CHIP数据对上述年份的城市人力资本外部性进行了估计。这里采用的估计方法与2013年数据相同。略有不同的是，由于2002年、2007年并没有可以利用的城市空气质量数据，因此在相关年份的回归分析中并没有加入反映城市环境的控制变量。此外，由于2002年的CHIP调查并没有涉及受访对象兄弟姐妹数量的相关题项，因此，在 2002 年的 2SLS 估计中，本书只把 1990 年的城市人力资本水平作为工具变量。表 4.5 显示了在不同年份里中国城市人力资本外部性的变化特点。从不同年份估计结果的对比中我们可以看到，在 2002 年与 2007 年均观测到了显著的城市人力资本外部性，这也进一步表明，人力资本外部性在中国城市确实是存在的。但观察到的城市人力资本外部性强度，在不同的年份中却并不相同。不管是 OLS 的估计结果，还是 2SLS 的估计结果都表现出逐年增强的特点。例如，2002 年的 2SLS 估计中的城市人力资本回归系数为 0.0931，而到 2013 年城市人力资本回归系数已经增长为 0.1476。这一研究结果与刘志强（2007）的研究结果相类似[①]。

表 4.5 不同年份城市人力资本外部性的估计结果

变量	2002 年		2007 年		2013 年	
	OLS	2SLS	OLS	2SLS	OLS	2SLS
城市人力资本水平	0.1078 *** (0.0319)	0.0931 *** (0.0226)	0.1361 *** (0.0352)	0.1186 ** (0.0495)	0.1542 *** (0.0317)	0.1476 *** (0.0387)
个人特质控制变量	控制	控制	控制	控制	控制	控制
城市特征控制变量	控制	控制	控制	控制	控制	控制
中心 R^2	0.2416	0.2495	0.3013	0.3029	0.2519	0.2532
样本数量	7321	7321	6230	6230	9611	9611

注：*** 、** 分别表示 1% 、5% 的显著性水平，括号内数字是经过城市层面聚类调整的稳健标准误。

4.4.2 中国城市人力资本外部性在空间上的分布差异

为了进一步考察不同区域间城市人力资本外部性的分布情况，本书引入了中部地区、西部地区的虚拟变量，以及城市人力资本与中部地区虚拟变量、

---

① 刘志强（2007）利用 1988 年 CHIPS 数据得到的人力资本外部性回报在大部分估计模型中并不显著，而利用 1995 年 CHIP 数据的实证结果却观测到了显著的人力资本外部性。

城市人力资本与西部地区虚拟变量的交互项。从表 4.6 中可以看到，无论是 OLS 估计，还是 2SLS 估计，在引入上述变量以后城市人力资本的系数依然显著为正，但城市人力资本与中、西部地区虚拟变量的交互项在大部分情况下均显著为负，这也就意味着与东部地区相比中、西部地区的城市人力资本外部效应明显偏弱。且与中部地区相比，西部地区的城市人力资本外部效应更低。从全国范围来看，城市人力资本外部性呈现出从东向西依次递减的特点。如果按照表 4.6 中（6）列的估计结果来计算，中部地区的城市人力资本的回归系数大约为 0.0551（0.1637 − 0.1086），而西部地区的城市人力资本回归系数为 − 0.0673（0.1637 − 0.2310），这一估计结果甚至不能支持西部地区城市存在着显著的人力资本外部效应。

表 4.6　　　　　　　　　不同地区城市人力资本外部性的估计结果

变量	（1） OLS	（2） OLS	（3） OLS	（4） 2SLS	（5） 2SLS	（6） 2SLS
城市人力资本	0.1529 *** （0.0362）	0.1376 *** （0.0338）	0.1949 *** （0.0367）	0.0959 ** （0.0466）	0.1118 *** （0.0423）	0.1637 *** （0.0476）
城市人力资本 × 中部地区哑变量	− 0.0532 * （0.0278）		− 0.1183 *** （0.0294）	− 0.0376 （0.0289）		− 0.1086 *** （0.0308）
城市人力资本 × 西部地区哑变量		− 0.1900 *** （0.0329）	− 0.2360 *** （0.0349）		− 0.1888 *** （0.0329）	− 0.2310 *** （0.0351）
中部地区哑变量	− 0.2038 *** （0.0682）	− 0.0676 *** （0.0222）	− 0.3396 *** （0.0711）	− 0.1672 ** （0.0708）	− 0.0675 *** （0.0224）	− 0.3172 *** （0.0742）
西部地区哑变量	− 0.1810 *** （0.0523）	− 0.6865 *** （0.0990）	− 0.7650 *** （0.1008）	− 0.2087 *** （0.0542）	− 0.6951 *** （0.0992）	− 0.7673 *** （0.1007）
个人特质 控制变量	控制	控制	控制	控制	控制	控制
城市特征 控制变量	控制	控制	控制	控制	控制	控制
R^2	0.2552	0.2575	0.2587	0.2550	0.2574	0.2587
样本数量	9611	9611	9611	9611	9611	9611

注：*** 、** 、* 分别表示 1%、5%、10% 的显著性水平，括号内数字是经过城市层面聚类调整的稳健标准误。

4.4.3　中国城市人力资本外部性时空差异的成因

本书认为，中国城市人力资本外部效应在不同时间与不同空间上的变异主要源自以下四个因素：

（1）劳动力素质上的差异①。人力资本外部性是通过人与人的交往和互动而实现的，这就决定了劳动力素质的高低对人力资本外部性的形成有举足轻重的作用。在之后的章节中将可以看到，劳动力的整体素质越高，人力资本的外部性就越强。而中国劳动力素质在时间和空间上的差异是显而易见的。从第 3 章所描述的中国人力资本分布情况的演变中可以清楚地发现，2000 年以来，得益于高等教育扩招和基础教育投入的扩大，中国各地区的劳动力素质在整体上都发生了非常显著的提高，大部分省份劳动人口中大学毕业生所占比重的增幅达到 100%。但是，在人力资本空间集聚的总体趋势下，东、中、西部地区劳动力素质的差距却并没有出现弥合，西部地区的劳动力素质始终处于垫底的位置，并且与东部地区间的差距呈现出日益扩大的趋势。本书所观察到的城市人力资本外部性的时空变异，从总体上来看与劳动力素质的分布与发展态势是相吻合的。

（2）产业结构上的差异②。根据常庆福等（Chang et al.，2016）以及本书第 5 章的研究结论，不同行业对人力资本外部性产生的知识溢出效应的依赖程度是不相同的，行业的技术（知识）密集程度越高，其劳动力效率对人力资本外部性的依赖程度就越强。改革开放以来，中国的主导产业逐步经历了劳动密集型—资本密集型—技术（知识）密集型的转换历程。特别是近年来，在国家大力推动创新发展及经济结构改革的背景下，中国的产业结构实现了迅速而巨大的跃升。高新技术产业以及现代服务业在国民经济中的比重显著提高。但与此同时，中国东、中、西部地区在产业结构上的差距并没有随着时间的推移而得到弥合，资本密集型产业甚至是劳动密集型产业仍然在

---

① 有关劳动力素质对人力资本外部性的影响详见第 5 章。
② 有关产业结构对城市人力资本外部性的影响详见第 5 章。

中、西地区的国民经济中占有重要份额。因此，中国产业结构在时间和空间上的差异将会导致城市人力资本外部性强度发生一定的变异。

（3）城市发育水平上的差异[①]。城市是产生和观测人力资本外部性的理想单位。但城市人力资本外部性的强弱会受到两个因素的影响，一个因素是劳动者之间交流的频率，另一个因素是劳动者之间交流的质量（梁文泉、陆铭，2016）。而城市，尤其是大城市不仅可以提高劳动者之间的交流频率，也能改善劳动者之间的交流质量（Glaeser，1999）。在20世纪末，中国开启了世界经济史上都少见的高速城市化进程，城市化率从1999年的30.89%，陡然升至2015年的56.1%。城市规模持续扩大，城市人口密度也随着城市住房、交通、教育等基础设施的完善而逐步增大。但这种城市发育在空间上是不均衡的，东部地区无论是在城市规模还是在城市人口密度上都远高于中、西部城市。因此，城市发育水平上的差异也是造成城市人力资本外部性时空差异的重要原因。

（4）市场化程度上的差异[②]。虽然人力资本的外部性来源于劳动者在正式或非正式互动中产生的思想交流，但事实上，人力资本外部性的形成不可能是天然完成的，而必须依赖于制度环境的建设，特别是市场体制的发展和完善。一方面，市场体制为人力资本外部效应的形成提供了完整的人力资本产权这一制度基础；另一方面，市场体制又通过促进劳动力流动、增强劳动力竞争两条路径促进了人力资本外部效应的形成。而中国不同发展阶段以及不同地区在市场化上的差异，同样会导致城市人力资本外部性在时空分布上的差异。

4.5　中国城市人力资本外部性的微观机制

虽然，前面的实证研究已经找到了中国城市人力资本外部性存在的证据，

---

① 有关城市发育对城市人力资本外部性的影响详见第6章。
② 有关市场化改革对城市人力资本外部性影响的讨论详见第7章。

但是这种实证办法仍然是把人力资本外部性的形成当成一个"黑箱"来看待的，而没有涉及它的微观形成机制。在第 2 章的理论基础部分，本书已经梳理和归纳了形成人力资本外部性的三种微观机制，即 MAR 外部性、Jacbos 外部性与"劳动力池"效应。这里我们再做一个简要的回顾。MAR 外部性（专业化外部性）认为，人力资本的知识外溢更容易在具有类似技术结构的行业内发生，同时具有类似技术结构的劳动力集聚形成了更强的竞争，这将进一步加速人力资本知识溢出的扩散。Jacbos 外部性（多样化外部性）是指具有不同技术背景的劳动力集聚能够产生互补性的知识和技术溢出，很多重要的知识或技术溢出都来自本行业之外，互补性的技术在不同行业间的渗透与交换更容易激发出创新的灵感。"劳动力池"效应是指，在更密集的劳动力市场中拥有异质性人力资本特征的劳动者可以找到匹配得更好的工作，因而更有利于生产效率的提高。而具体到中国城市来说，中国的城市人力资本外部性主要来自以上哪种或哪几种微观机制呢？为此，本书将进一步对以上人力资本外部性的三种微观机制进行考察。

这里构建三个变量来反映城市人力资本的专业化水平、多样化水平以及地理集中度。

一是人力资本的专业化水平（Spec）。本书采用相对专业化指数来测量人力资本的专业化程度，其计算公式为：

$$Spec_j = max_i(s_{ij}/s_i) \qquad (4.22)$$

其中，s_{ij} 为 i 行业在 j 城市所占的就业比重，s_i 为 i 行业在全国就业总人口中所占的比重。Spec 的取值越大表示城市人力资本的专业化程度越高。这里的城市行业分类采用了 1 位数的国民经济行业分类（GB/T 4754-2011），共计 20 个[①]。

二是人力资本的多样化水平（HHI）。以劳动力市场的赫芬达尔指数的倒数来表示，其计算可以用以下公式表达：

---

① 这 20 个行业分类分别为：A 农、林、牧、渔业；B 采矿业；C 制造业；D 电力、热力、燃气及水生产和供应业；E 建筑业；F 批发和零售业；G 交通运输、仓储和邮政业；H 住宿和餐饮业；I 信息传输、软件和信息技术服务业；J 金融业；K 房地产业；L 租赁和商务服务业；M 科学研究和技术服务业；N 水利、环境和公共设施管理业；O 居民服务、修理和其他服务业；P 教育；Q 卫生和社会工作；R 文化、体育和娱乐业；S 公共管理、社会保障和社会组织；T 国际组织。

$$HHI = \sum 1/e_{ij}^2 \tag{4.23}$$

其中，e_{ij} 表示第 j 个城市中第 i 个行业的就业人员占城市总就业人员的比例。HHI 的取值范围为 $[1, \infty]$。当城市中只有少数几个大行业占就业的主导地位时，HHI 的取值会接近于 1；而当城市中有很多个行业且每个行业的就业比重都很小时，HHI 的取值就会较大。这里的城市行业分类同样采用 1 位数的产业分类。

三是人力资本就业密度（$Dens$）。以城市的就业密度来表示，就业密度 = 城市的市辖区人口/城市建成区面积。各城市的市辖区人数及建成区面积数据均来自 2014 年的《中国城市统计年鉴》。

得到上述核心观测指标后，我们再将它们的对数值一起纳入人力资本外部性的观测模型，得到以下计量方程式：

$$\ln w_{ij} = c + \theta_1 Spec_j + \theta_2 HHI_j + \theta_3 Dens_j + \alpha' X_{ij} + \beta' City_j + \varepsilon_{ij} \tag{4.24}$$

其中，$Spec_j$、HHI_j、$Dens_j$ 为模型中的核心解释变量，分别用来估计城市人力资本的 MAR 外部性、Jacobs 外部性与"劳动力池"效应。个人特质控制变量 X_{ij}、城市特征控制变量 $City_j$ 与前面的实证模型相同，这里不再赘述。这里劳动力层面的微观数据仍然来自 CHIP2013。

表 4.7 显示了人力资本外部性微观机制的 OLS 检验结果。从这一结果中我们可以看到，不管是采取分步回归还是将三个反映微观机制的核心变量同时纳入回归方程，人力资本多样化和就业密度的回归系数均显著为正，且对劳动者工资的影响较大。以上结果从经验性的角度支持了 Jacbos 外部性与"劳动力池"效应两种微观机制。而人力资本专业化的回归系数不仅相对较小，而且在分步回归中并不显著。这说明 MAR 外部性的微观机制可能影响较弱。

此外，为了克服潜在的内生性问题对估计产生的影响。本书又采用工具变量法进行 2SLS 检验。考虑到从回归方程之外寻找人力资本专业化程度、人力资本多样化程度及就业密度的工具变量是一件非常困难的事情，因此，我们将 2000 年样本城市的人力资本专业化指数、人力资本多样化指数及就业密度作为核心解释变量的工具变量，并采用 2SLS 对计量方程重新进行估计。表 4.8 为 2SLS 的估计结果。各个模型的标头分别注明了使用工具变量法进行估计的核心解释变量的名称。可以看到，2SLS 的估计结果与 OLS 的结果基本一致。这表明中国城市人力资本外部性主要是通过 Jacbos 外部性与"劳动力池"效应两个途径而得以实现的，而 MAR 外部性的贡献较小。

表 4.7　　　　　　　　　人力资本外部性微观机制的 OLS 检验

变量	模型（1）	模型（2）	模型（3）	模型（4）
人力资本专业化程度	0.0077 (0.0117)			0.0236 * (0.0138)
人力资本多样化程度		0.0765 *** (0.0252)		0.1306 *** (0.0294)
就业密度			0.1093 *** (0.0302)	0.1320 *** (0.0318)
个人特质控制变量	控制	控制	控制	控制
城市特征控制变量	控制	控制	控制	控制
R^2	0.2503	0.2510	0.2513	0.2541
样本量	9611	9611	9611	9611

注：*** 、 * 分别表示1%、10%的显著性水平，括号内数字是经过城市层面聚类调整的稳健标准误。

表 4.8　　　　　　　　　人力资本外部性微观机制的 2SLS 检验

变量	模型（1） （SPE）	模型（2） （HHI）	模型（3） （DENS）
人力资本专业化程度	0.0286 ** (0.0143)	0.0179 (0.0138)	0.0249 * (0.0137)
人力资本多样化程度	0.1356 *** (0.0296)	0.1041 *** (0.0297)	0.1285 *** (0.0294)
就业密度	0.1298 *** (0.0318)	0.1279 *** (0.0318)	0.1154 *** (0.0323)
个人特质控制变量	控制	控制	控制
城市特征控制变量	控制	控制	控制
R^2	0.2516	0.2541	0.2526
样本量	9611	9611	9611

注：①*** 、 ** 、 * 分别表示1%、5%、10%的显著性水平，括号内数字是经过城市层面聚类调整的稳健标准误；②这里省略了控制变量的详细报告结果；③各列的表头分别注明了使用两阶段最小二乘回归进行估计的核心解释变量的名称。

4.6 本 章 小 结

在莫雷蒂（2004c）比较静态分析的基础上，本章通过建立一个理论模型进一步刻画了通过劳动者工资溢价来考察城市人力资本外部效应的逻辑，并通过 CHIP2013、CHIP2007、CHIP2002 数据对中国城市人力资本外部性的总体强度及时空差异进行了估计。2013 年数据的分析结果显示，在控制了个人特质与城市特征，并使用工具变量进一步克服内生性问题的条件下，我们观测到了显著的城市人力资本外部性。以上研究结论，在考虑了粘性工资问题、劳动时间、极端值、性别对工资水平的影响后，仍然是稳健的。这说明，大量高素质劳动力在城市部门的集聚确实形成了显著的人力资本外部效应，并改善了城市部门的劳动生产率。但分时间与分地区的估计结果进一步显示，中国城市人力资本的外部效应在不同的时空上表现出了显著的差异。

从时间上来看，2000 年以来的中国城市人力资本外部性呈现出逐年增强的特点。而从空间上来看，中国城市人力资本外部性呈现出从东向西依次递减的态势，东部地区最强，中部地区次之，西部地区最弱（现有的估计结果甚至不支撑西部地区存在着显著的人力资本外部性）。本书进一步认为，不同地区在劳动力素质、产业结构、城市发育、市场化改革上的差异可能是造成上述时空差异的重要原因。在本书后续的有关章节中，我们将对上述原因进行更加深入和详细的讨论。而针对人力资本外部性微观机制的实证结果表明，中国城市人力资本外部性主要是通过 Jacbos 外部性与"劳动力池"效应两个途径而得以实现的，MAR 外部性的贡献较弱。

5 中国城市人力资本外部性的收入阶层分布

第 4 章主要考察了中国城市人力资本外部性的平均效应以及它在不同时空上的演变,而并没有涉及城市人力资本外部性在不同劳动群体之间的潜在差异。虽然理论上,城市人力资本外部效应的形成可以简明地归纳为不同劳动者对知识、技能、经验的共享与学习。但事实上,人力资本外部效应的形成是一个非常复杂的过程。劳动者的个人特质、行业特征都可能会影响到人力资本的知识溢出(Combes & Duranton,2008;Chang et al.,2016)。而劳动力市场上制度安排的差异(Liu,2007,2014)以及劳动力间的不完全替代效应(Moretti,2004c)也会进一步影响人力资本外部效应对不同群体的影响。因此,考虑到以上因素,城市人力资本外部效应在不同劳动群体间的分布很可能是有结构性差异的。但遗憾的是,到目前为止,理论界并没有对这种可能存在的结构分化给予足够的关注。

而作为推动城市发展、塑造城市经济结构的一股基础性力量,人力资本的外部效应无疑将影响到每一位城市劳动者的价值创造效率以及其分享城市发展成果的能力。在城市人力资本外部性及其对不同劳动群体的异质性影响没有被适当评估的前提下,任何旨在强调人力资本集聚及其外部性福利后果的政策,都将很可能带来不确定的政策效应。如果我们从历史的维度回顾中国的城市化进程则会忧心地发现,种种迹象表明,中国的城市化红利并没有均衡地被各收入阶层的劳动者所共享(高虹,2014)。即使在城镇高收入群体的收入很可能被低估的情况下,城镇内部的收入差距仍然表现出持续扩大的趋势,且城镇内部的收入差距对城乡居民总收入差距的贡献日益增大(吕世斌，2016）。

这就迫使我们必须对以下两个关键的问题进行思考：第一，中国城市人力资本外部效应对不同劳动群体的影响是否是同质的？有没有"普惠"式地使不同收入阶层的劳动者受益？第二，如果人力资本外部效应在不同劳动群体间存在着结构性的差异，那么引发这种差异的原因又是什么？因此，本书将尝试通过对中国城市人力资本外部效应及其在不同收入群体间分布结构的考察来回答以上问题。关于这些问题的答案，不仅有助于从人力资本的角度进一步挖掘促进中国城市发展的潜在动力，也将有助于全面理解城市化进程中市民内部收入差距持续扩大的成因，并为弥合这种差距提供重要的政策启示。

与以往的文献相比，本章的贡献主要体现在以下两个方面：

（1）利用中国家庭收入调查（CHIP）2013 年的城镇调查数据，通过工具变量分位数回归进一步考察了人力资本外部效应在不同收入群体间的异质性分布，揭示了人力资本外部效应在中国城市不同收入群体间的分布规律。

（2）从劳动力素质、行业特征、城市劳动市场的制度性分割以及劳动者间的不完全替代效应四个方面分析了人力资本外部效应在不同收入阶层出现结构性分化的原因。

5.1 城市人力资本外部性对不同收入
阶层异质性影响的逻辑框架

在城市人力资本外部效应对不同收入群体的异质性影响上存在着两种截然不同的理论逻辑。一种理论逻辑认为，考虑到劳动力素质、行业特征与城市劳动市场制度性分割的影响，城市人力资本的外部效应对高收入群体更为有利。而另一种理论逻辑则认为，当人力资本集聚主要是高技能劳动者集中所引起时，低技能劳动者与高技能劳动者间的不完全替代效应将使低技能劳动者的边际产出有更大的提高，城市人力资本水平的提高对低收入群体更为有利。因此，本书将分别给出上述两种理论的逻辑线索。

5.1.1 对高收入群体更有利的理论逻辑

（1）不同收入水平劳动者在劳动力素质上的差异。人力资本外部性的大小，受到两个基本条件的约束：一是劳动者之间交流的频率；二是劳动者之间交流的质量（梁文泉、陆铭，2016）。而劳动者素质对以上两种因素都会产生重要的影响。一方面，从交流频率的角度来看，任何人类交流行为都存在着沟通的成本，只有当沟通的成本小于潜在的收益时，人与人间的交流行为才有可能发生。劳动力素质的提高，可以大大节省沟通所需的时间成本，这有利于提高劳动者间交流行为发生的概率。另一方面，劳动力素质，特别是劳动者学习能力的提高，有利于劳动者理解、掌握和吸收交流行为中产生的外部性知识，可以提高劳动者交流的质量与效率。而学习能力在不同收入群体间并不是随机分布的，高收入劳动者的学习能力往往也更强，因此，较强的学习能力和劳动力素质会使高收入群体更容易从城市人力资本的外部性中获益。

（2）不同收入水平劳动者所从事行业的差异。首先，高收入群体从事的行业通常是知识密集型和技术密集型行业，而这些行业的性质决定了，与传统的劳动密集型和资本密集型产业相比，它们有更多机会接触到跨行业、跨学科的知识。拉齐尔（Lazear，1999）认为，当人们具有的知识相关但不相同时，更容易产生人力资本外部性。同时，本书第 4 章的实证结果也发现，中国的城市人力资本外部性主要是通过 Jacbos 外部性（多样化外部性）形成的，而 MAR 外部性（专业化外部性）较弱。因此，与同质性较强的低收入行业相比，高收入行业的劳动者更可能从人力资本外部性中获益。同时，高收入行业更依赖于劳动者交流、互动所形成的增量知识与技术创新。对外部性知识的吸收和掌握在知识密集型行业能产生更大的边际产出（Combes & Duranton，2008）。因此，从事知识密集型与技术密集型行业的高收入劳动者将更倾向于主动地获取外部性知识。其次，人力资本外部性虽然主要是高人力资本劳动者带来的（Moretti，2004a；Lange & Topel，2006），但高人力资本劳动者在不同行业间的分布并不均匀。在一般情况下，劳动力都倾向于向高收入行业流动，而不同人力资本劳动者的流动能力并不相同，高人力资本群体往往具有更强的跨行业流动能力。因此，高人力资本群体在逐利性的引导下会在高收入行业发生集聚。随着行业内高人力资本劳动者密度增加，高人力资本劳动者间的交流频率与交流质量都将得到改善，而这都会促进人力资本外部性的产生和传播。常庆福等（2016）利用1998~2003年台湾制造业企业调查数据进行的经验性研究就发现，与传统制造业相比高新技术制造业内的人力资本外部性更强。

（3）在中国的具体情境下，人力资本外部性的收入阶层分布还可能受到城市劳动市场制度安排的影响（Liu，2006，2014）。人力资本的外部性形成于劳动者之间交流与互动。但在中国，低收入群体在城市劳动力市场的自由流动受到了制度性的挟制。各种制度壁垒（如户籍、单位所有制性质、高等学历所形成的就业市场分割）一方面使高收入劳动力在行业与区域上的集聚发生固化。另一方面，也把大量跨行业流动能力本来就较差的低收入劳动者进一步挤向低端劳动力市场，抑制了低收入群体与高收入群体之间可能发生的交流与接触，限制了低收入群体对外部性知识和技能的共享。即使在制度性的市场分割被逐步打破的情况下，原有制度形成的地区或群体文化，仍然会影响低收入劳动者与高收入劳动者的融合。刘士杰（2011）一项针对我国城市居民的研究报告显示，76.32%低收入劳动者的职业属于竞争行业的普通工作岗位，且就业选择的空间不大，变换工作更多是同阶层的流动，上升渠道不畅通。在这样的制度环境下低收入群体人力资本外部性的形成将不可避免地受到抑制。虽然，劳动力市场的制度性分割与劳动者学习能力、行业特征存在可能交叉的地方（例如，与农业户籍劳动者相比城镇户籍劳动者可能更容易获得知识、技术密集型行业的就业机会，学习能力也有可能更强），但由于其社会制度基础与政策意涵，其和后两者迥然不同。因此，本书认为应该将劳动力市场分割作为一个独立的因素予以讨论和分析。

5.1.2 对低收入群体更有利的理论逻辑

学者们通常使用常替代弹性的生产函数来刻画不同技能劳动力的生产行

为（Morrti，2004c；Acemoglu & Autor，2011）。由于高技能劳动力与低技能劳动力在生产上存在着不完全替代效应①，随着高人力资本劳动力在城市的集聚，低技能劳动者的边际产出会因为不同技能劳动力间的互补性而得到大幅提升，从而在人力资本技术溢出的基础上进一步提高其工资水平。而对于高人力资本劳动力来说，由于高技能劳动者之间是相互替代和竞争的，城市人力资本集聚会在一定程度上削弱人力资本技术外溢对工资的正面效应。这正如本书在第 2 章的比较静态模型分析中看到的那样，即使城市中没有基于技术交流的外部效应，非熟练劳动力的生产效率和工资仍然会随着城市内熟练劳动力数量的增加而得到提高，而熟练工人的工资则可能会因为竞争效应的存在而减少。因此，从这个角度上来看，城市人力资本的集聚将更有利于低技能劳动者工资水平的提高，而对高技能劳动者工资提升的影响则相对较弱（Moretti，2004a）。莫雷蒂（2004b）利用美国青年的纵向调查数据（NLSY），估计了美国的城市人力资本集聚对不同劳动群体工资影响的差异，研究结果表明，城市受过高等教育的工人比重每增加 1 个百分点，将使该地区高中肄业生、高中毕业生以及其他大学毕业生的工资，分别提高 1.9%、1.6% 和 0.4%。此外，达尔马佐和德布拉西奥（2007）对意大利的经验性研究也证实了劳动者间的不完全替代效应。他们分别估计了城市人力资本水平对熟练劳动力与非熟练劳动力的影响，结果显示，虽然城市人力资本对熟练劳动力与非熟练劳动力的工资都产生显著的正向影响，但是对非熟练劳动力的影响更大。

最后，需要指出的是，本书涉及的这两种城市人力资本外部性对不同收入群体影响的理论逻辑，它们之间并不是一种互相排斥的竞争性关系。两种理论逻辑可能是同时存在并发挥作用的，但在特定的约束条件下它们影响力的强弱可能会有所不同。因此，本书将进一步借助分位数回归的方法对中国城市人力资本外部性的收入阶层分布进行经验上的考察。

---

① 低技能与高技能劳动者的不完全替代效应是指，在一经济单位当中，都需要同时有高技能劳动者与低技能劳动者相配套。例如，在一现代化企业中既需要大量工程师与职业经理人等高级白领，同时也需要保安与清洁工。而根据卡茨和墨菲（Katz & Murphy，1992）的经验性研究，低技能劳动者与高技能劳动者间的不完全替代效应确实是存在的。

5.2　分位数回归模型的构建

　　一般的回归模型考察的是解释变量 x 对被解释变量 y 的条件期望 $E(y|x)$ 的影响，这实际上是均值回归。而在分布条件 $y|x$ 不是对称分布（symmetric distribution）的情况下，解释变量 x 对被解释变量 y 的条件期望 $E(y|x)$ 就很难反映出条件分布的整体情况。而如果能够估计出条件分布 $y|x$ 的若干重要分位数（conditional quantiles），就能够对条件分布 $y|x$ 的全貌有更清晰的认识。为了达到这一目的，科伦克和巴赛特（Koenker & Bassett, 1978）提出了"分位数回归"（quantile regression）的概念。分位数回归的两个优势在于：一是通过调节回归平面的转向和位置，分位数回归能够给出被解释变量更加完整的条件分布特征。二是与普通最小二乘回归不同，分位数回归通过使加权误差绝对值之和最小得到参数的估计结果，因此参数估计值不容易受到异常值的影响，从而能获得更加稳健的估计结果。同时，工具变量分位数回归也允许在普通条件分位数回归的基础上，通过使用工具变量来进一步克服内生性问题的影响。

　　这里假设条件分布 $y|x$ 的总体 q 分位数 $y_q(x)$ 是 x 的线性函数，即：

$$y_q(x_i) = x_i' \beta_q \tag{5.1}$$

其中，β_q 是在 q 分位数上的回归系数，分位数回归通过使加权误差绝对值之和最小化得到参数的估计结果，回归系数的估计量 $\hat{\beta}_q$ 可以由以下目标函数最小化问题来定义：

$$\min_{\beta_q} \sum_{i:y_i \geq x_i'\beta_q}^{n} q|y_i - x_i'\beta_q| + \sum_{i:y_i \leq x_i'\beta_q}^{n} (1-q)|y_i - x_i'\beta_q| \tag{5.2}$$

　　如果上述参数中 $q = 0.5$，那么此时的分位数回归就被称为中位数回归（本书第 4 章对城市人力资本外部性平均效应估计结果的稳健性检验中利用的中位数回归，其实就是条件分位数回归的一个特例），此时其目标函数可以简化为：

$$\min_{\beta_q} \sum_{i=1}^{n} | y_i - x'_i \beta_q | \qquad (5.3)$$

显然，与 OLS 回归相比，分位数回归受样本极端值的影响较小，容易得到更加稳健的估计结果。同时，由于分位数回归的目标函数带有绝对值，因此，通常情况下应该使用线性规划的方法来计算样本分位数回归系数 $\hat{\beta}_q$。可以证明，$\hat{\beta}_q$ 是总体分位数回归系数 β_q 的一致估计量，且 $\hat{\beta}_q$ 服从渐进正态分布，即：

$$\sqrt{n}(\hat{\beta}_q - \beta_q) \xrightarrow{d} (N, \mathrm{Avar}(\hat{\beta}_q)) \qquad (5.4)$$

其中，渐近方差 $\mathrm{Avar}(\hat{\beta}_q) = A^{-1}BA^{-1}$，矩阵 A 与矩阵 B 的表达式分别为：

$$A \equiv \operatorname*{plim}_{n \to \infty} \frac{1}{n} \sum_{i=1}^{n} f_{u_q}(0 \mid x_i) x_i x'_i \qquad (5.5)$$

$$B \equiv \operatorname*{plim}_{n \to \infty} \frac{1}{n} \sum_{i=1}^{n} q(1-q) x_i x'_i \qquad (5.6)$$

而 $f_{u_q}(0 \mid x_i)$ 是随机扰动项 $u_q \equiv y - x\beta_q$ 的条件密度函数在 $u_q = 0$ 的取值。为此，如果要计算估计量 $\hat{\beta}_q$ 的协方差矩阵 $\mathrm{Avar}(\hat{\beta}_q)$，则必须首先估计 $f_{u_q}(0 \mid x_i)$。此外，目前 Stata 也提供了利用自举法（bootstrap）来计算 $\mathrm{Avar}(\hat{\beta}_q)$ 的程序包。

具体到本研究，虽然 OLS 与 2SLS 估计考察了中国城市人力资本外部性的平均效应。但事实上，考虑到劳动者个人学习能力、行业特征、城市劳动力市场制度性分割以及不同劳动者间的不完全替代效应的影响，不同收入水平的劳动者从城市人力资本水平提高中的获益程度很可能是非线性的。本节更加关注的是人力资本外部效应在不同收入群体间的结构性差异。为此，我们将使用 2013 年的 CHIP 数据，进一步通过分位数回归来考察人力资本外部性在不同收入劳动者之间可能存在的结构性分化。因此，可以将第 4 章考察城市人力资本外部性平均效应的均值回归模型改造成分位数回归的形式：

$$Q_q(\ln w_{ij} \mid X_{ij}) = c_q + \alpha_q' X_{qij} + \varepsilon_{qij} \qquad (5.7)$$

其中：$\ln w_{ij}$ 为 j 城市 i 劳动者的月工资收入；X_{ij} 为包括核心解释变量城市

人力资本水平在内的影响劳动者工资收入的所有个人特质与城市特征变量，其中，个人特质变量包括性别、婚姻状况、健康状况、个人受教育年限、工作经验及工作经验的平方项、工作岗位、劳动合同性质，城市特征变量包括城市规模、城市物质资本水平、外商直接投资、城市交通条件、城市医疗条件、城市环境条件、城市地理位置[①]；q 为所要估计的分位数；α_q' 为在 q 分位点上的回归系数向量，其特点是 α_q' 将会随着分位点 q 的变动而有所不同。

5.3 分位数回归的估计结果

5.3.1 普通条件分位数的估计结果

这里分别取 10 分位、30 分位、50 分位、70 分位、90 分位五个分位点来对不同收入群体的人力资本外部效应进行估计。表 5.1 列示了普通条件分位数回归（QR）的分析结果。从表 5.1 的结果中可以发现：城市人力资本工资溢价系数在不同收入阶层间均发生了结构性分化，高收入阶层的外部性强度明显高于低收入阶层。除了 10 分位点上的人力资本工资溢价不显著以外，城市人力资本水平的提高对 30~90 分位点的工资水平都起到了显著的促进作用。具体来看，10 分位上的城市人力资本工资溢价系数为 0.0976。30 分位、50 分位、70 分位、90 分位上的工资溢价系数分别为 0.1223、0.1391、0.1808、0.2567 且均在 1% 的水平下显著。这意味着，收入最高的 10% 劳动群体间的人力资本外部性强度是收入最低的 10% 劳动群体的 4 倍左右，不同收入阶层并没有从城市人力资本外部性中均衡地受益。为了进一步验证核心解释变量（城市人力资本）在不同分位点上的估计结果存在显著的不同，这里参考陈强（2010）提出的思路，进一步利用 test 命令，在 Stata 软件中对城市人力资本在不同分位数模型中的回归系数进行了斜率相等检验（slope equality test）。结果显示（见表 5.1 最后一行），斜率相等检验在 1% 的显著性

[①] 各变量的计算方法与数据来源均与第 4 章相同，这里不再赘述。

水平上拒绝了各分位点上回归系数相等的原假设，这意味着不同收入阶层间人力资本外部性的差异是显著的。

表 5.1　　　　　　　　　　　　分位数回归的估计结果

变量	（1） 10 分位点	（2） 30 分位点	（3） 50 分位点	（4） 70 分位点	（5） 90 分位点
城市人力资本	0.0976 （0.0847）	0.1223 *** （0.0292）	0.1391 *** （0.0271）	0.1808 *** （0.0305）	0.2567 *** （0.0425）
性别	− 0.2819 *** （0.0390）	− 0.2378 *** （0.0135）	− 0.2443 *** （0.0125）	− 0.2503 *** （0.0141）	− 0.2590 *** （0.0196）
婚姻状况	0.3489 *** （0.0672）	0.1774 *** （0.0232）	0.1541 *** （0.0215）	0.1645 *** （0.0242）	0.2149 *** （0.0337）
健康状况	0.0974 *** （0.0263）	0.0818 *** （0.0091）	0.0716 *** （0.0084）	0.0824 *** （0.0095）	0.0738 *** （0.0132）
个人教育	0.0764 *** （0.0068）	0.0818 *** （0.0091）	0.0541 *** （0.0022）	0.0553 *** （0.0024）	0.0599 *** （0.0034）
工作经验	0.0059 *** （0.0022）	0.0077 *** （0.0008）	0.0083 *** （0.0007）	0.0081 *** （0.0008）	0.0075 *** （0.0011）
工作经验 平方	− 0.00001 *** （0.0000）	− 0.00001 *** （0.0000）	− 0.00001 *** （0.0000）	− 0.00001 *** （0.0000）	− 0.00001 *** （0.0000）
工作岗位	0.1042 ** （0.0434）	0.1268 *** （0.0150）	0.0752 *** （0.0139）	0.0636 *** （0.0156）	0.0422 ** （0.0218）
劳动合同 性质	0.4459 *** （0.0476）	0.2381 *** （0.0164）	0.1727 *** （0.0152）	0.1099 *** （0.0171）	− 0.0130 （ − 0.0239）
城市物质资本	0.0008 （0.0592）	− 0.0346 * （0.0205）	− 0.0492 ** （0.0192）	− 0.0638 *** （0.0214）	− 0.0804 *** （0.0299）
城市外商 直接投资	− 5.2247 *** （1.3711）	− 2.4163 *** （0.4755）	− 1.6024 *** （0.4442）	− 1.4494 *** （0.4968）	− 0.9098 （0.6934）
城市交通	0.0076 * （0.0041）	0.0079 *** （0.0014）	0.0093 *** （0.0013）	0.0091 *** （0.0015）	0.0089 *** （0.0021）

变量	(1) 10 分位点	(2) 30 分位点	(3) 50 分位点	(4) 70 分位点	(5) 90 分位点
城市医疗	0.0717 (0.0658)	0.0449 ** (0.0228)	− 0.0221 (0.0213)	− 0.0374 (0.0238)	− 0.0292 (0.0333)
城市环境	− 0.0027 (0.0017)	− 0.0031 *** (0.0006)	− 0.0030 *** (0.0005)	− 0.0026 *** (0.0006)	− 0.0027 *** (0.0008)
城市纬度	− 0.0163 *** (0.0054)	− 0.0126 *** (0.0019)	− 0.0089 *** (0.0017)	− 0.0099 *** (0.0019)	− 0.0088 *** (0.0027)
城市经度	0.0119 *** (0.0046)	0.0136 *** (0.0016)	0.0117 *** (0.0015)	0.0126 *** (0.0017)	0.0121 *** (0.0023)
城市规模	0.0829 (0.0584)	0.1040 *** (0.0202)	0.1312 *** (0.0189)	0.1291 *** (0.0212)	0.1004 *** (0.0295)
R^2	0.1489	0.1783	0.1792	0.1763	0.1633
样本量	9611	9611	9611	9611	9611
斜率相等检验	3.51 [0.0072]				

注：①*** 、** 、* 分别表示1%、5%、10%的显著性水平，括号内数字是经过城市层面聚类调整的稳健标准误；②斜率相等检验中括号内报告的是 P 值。

而在控制变量的估计结果中，我们依然可以得到了一些有趣且具有政策意义的研究结论：

（1）劳动者健康状况对工资收入的影响从总体上随着分位点的提高而逐步变小，这可能是由于低收入群体中体力劳动者所占的比重较大，与脑力劳动者相比，健康状态对于维持和提高体力劳动者的生产率有着更为重要的作用。

（2）虽然个人教育有利于工资水平的提高，但是随着分位点的提高，教育的收入回报率变得越来越低，该结果与刘生龙（2008）的研究结论相一致。这意味着提高社会的整体受教育水平对城市低收入群体将更为有利，有助于城市内部收入差距的弥合。

（3）劳动合同的性质对保障低收入群体的工资收入更为重要，从分位数回归结果中我们可以看到，在 10 分位点上，劳动合同性质的回归系数高达0.4459，这说明在其他特征相同的情况下，固定职业者和持有长期劳动合同的工作者要比持有短期劳动合同和没有劳动合同的工作者的工资高 44.56%。而随着分位点的提高，劳动合同在保障工资收入上的作用逐步降低，在 90 分位点上劳动合同性质的回归系数甚至不能支持劳动合同类型，显著影响了工资收入。

5.3.2 工具变量分位数的估计结果

考虑到可能存在的内生性问题，这里我们依然将 1990 年大学毕业生在城市人口中所占的比重与各城市劳动者的兄弟姐妹平均数量作为城市人力资本水平的工具变量，并利用工具变量分位数回归（IVQR）对模型重新进行了估计。具体来说，本书采用两阶段回归的方法对工具变量分位数回归模型来进行估计。在第一阶段当中，本书将城市人力资本对两个工具变量和其他外生变量进行最小二乘回归，并由此计算得到相应的残差。然后在第二阶段，将第一阶段回归所得到的残差作为一个外生变量加以控制，以此来进入分位数回归，通过这种方法可以得到工具变量分位数回归的估计结果。

从表 5.2 的估计结果中可以发现，与 QR 的回归结果相似，IVQR 中城市人力资本的回归系数也表现出随着分位点的提高逐步增大的特征。在从低到高五个分位点当中，城市人力资本的回归系数分别为 0.0559、0.1130、0.1418、0.1885、0.208，除了 10 分位点上的估计结果没有通过 10% 的显著性检验之外，其余各分位点上的估计结果均在 1% 的水平上显著。与 QR 的结果相比，IVQR 所测量到的城市人力资本工资溢价略有降低，这意味着内生性问题可能造成 QR 的估计结果出现向下的偏误，但这种偏误对估计结果造成的偏差并不太大。此外，核心解释变量的斜率相等检验也在 10% 的显著性水平上拒绝了原假设，这意味着在不同分位点上城市人力资本的外部效应存在着显著的不同。以上结果说明，即使考虑到可能存在的内生性问题，高收入群体更容易从城市人力资本外部效应中受益的研究结论，依然是可靠的。控制变量上的估计结果都与 QR 的回归结果相差很小，因此，这里不再赘述。

表5.2   工具变量分位数回归的估计结果

变量	（1） 10分位点	（2） 30分位点	（3） 50分位点	（4） 70分位点	（5） 90分位点
城市人力资本	0.0559 (0.0808)	0.1130 *** (0.0358)	0.1418 *** (0.0331)	0.1885 *** (0.0357)	0.2080 *** (0.0485)
性别	− 0.2797 *** (0.0295)	− 0.2362 *** (0.0134)	− .02408 *** (0.0125)	− 0.2435 *** (0.0137)	− 0.2603 *** (0.0184)
婚姻状况	0.3271 *** (0.0513)	0.1816 *** (0.0231)	0.1445 *** (0.0216)	0.1695 *** (0.0235)	0.2104 *** (0.0313)
健康状况	0.0990 *** (0.0201)	0.0783 *** (0.0091)	0.0733 *** (0.0084)	0.0805 *** (0.0091)	0.0696 *** (0.0121)
个人教育	0.0749 *** (0.0052)	0.0562 *** (0.0023)	0.0540 *** (0.0022)	0.0558 *** (0.0024)	0.0606 *** (0.0032)
工作经验	0.0064 *** (0.0020)	0.0075 *** (0.0008)	0.0083 *** (0.0007)	0.0082 *** (0.0007)	0.0075 *** (0.0010)
工作经验 平方	− 0.00001 *** (0.0000)	− 0.00001 *** (0.0000)	− 0.00001 *** (0.0000)	− 0.00001 *** (0.0000)	− 0.00001 *** (0.0000)
工作岗位	0.1120 *** (0.0340)	0.1229 *** (0.0152)	0.0736 *** (0.0139)	0.0620 *** (0.0148)	0.0442 ** (0.0186)
劳动合同 性质	0.4377 *** (0.0377)	0.2405 *** (0.0165)	0.1728 *** (0.0153)	0.1118 *** (0.0164)	− 0.0043 (− 0.0215)
城市物质资本	0.0219 (0.0662)	− 0.0266 (0.0234)	− 0.0469 ** (0.0219)	− 0.0663 *** (0.0242)	− 0.0561 (0.0346)
城市外商 直接投资	− 5.4332 *** (1.3793)	− 2.5501 *** (0.4880)	− 1.6047 *** (0.4575)	− 1.3728 *** (0.5044)	− 1.4341 ** (0.7212)
城市交通	0.0081 ** (0.0040)	0.0080 *** (0.0014)	0.0093 *** (0.0013)	0.0091 *** (0.0015)	0.0091 *** (0.0021)
城市医疗	0.0826 (0.0673)	0.0487 ** (0.0238)	− 0.0220 (0.0223)	− 0.0380 (0.0246)	− 0.0177 (0.0352)

变量	(1) 10 分位点	(2) 30 分位点	(3) 50 分位点	(4) 70 分位点	(5) 90 分位点
城市环境	−0.0026 (0.0016)	−0.0031 *** (0.0006)	−0.0029 *** (0.0005)	−0.0026 *** (0.0006)	−0.0027 *** (0.0009)
城市纬度	−0.0150 *** (0.0054)	−0.0124 *** (0.0019)	−0.0090 *** (0.0018)	−0.0099 *** (0.0020)	−0.0080 *** (0.0028)
城市经度	0.0108 ** (0.0045)	0.0136 *** (0.0016)	0.0117 *** (0.0015)	0.0127 *** (0.0017)	0.0122 *** (0.0024)
城市规模	0.0847 (0.0578)	0.1042 *** (0.0205)	0.1317 *** (0.0192)	0.1288 *** (0.0211)	0.0970 *** (0.0302)
Pseudo R^2	0.1493	0.1776	0.1801	0.1778	0.1656
样本量	9611	9611	9611	9611	9611
斜率相等检验	3.51 [0.0763]				

注：①***、** 分别表示 1%、5% 的显著性水平，括号内数字是经过城市层面聚类调整的稳健标准误；②斜率相等检验中括号内报告的是 P 值。

　　为了更加直观地展示城市人力资本外部效应在不同收入阶层的差异，本书还利用 QR 与 IVQR 进行了全分位点检验，图 5.1 与图 5.2 分别报告了两种模型全分位点检验中城市人力资本工资溢价系数的变动趋势。两图中，横轴

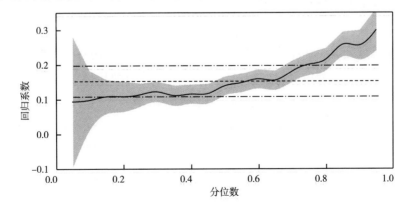

图 5.1　QR 的全分位点检验

表示各收入分位点，纵轴表示核心解释变量的边际贡献率，实线表示回归系数，两条点划线之间则为置信度5%条件下的置信区间，阴影部分为置信带。可以看到，不管是QR还是IVQR模型的城市人力资本回归系数均随着工资分位点的提高表现出明显的上升趋势，置信带也逐步收窄。且曲线较为平滑，并没有出现较大的起伏与波动。这进一步验证了中国城市人力资本外部效应在不同收入劳动者之间的分布规律。

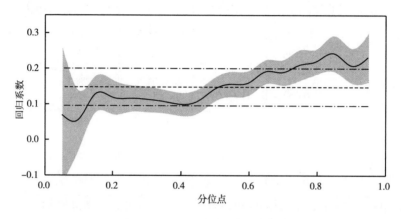

图5.2　IVQR的全分位点检验

5.3.3　稳健性检验

在第4章的实证检验中已经提到，通过城市人力资本工资溢价对人力资本的外部效应进行观测的策略在两个方面存在着潜在的风险：一是劳动工资并不能精确地随着企业生产效率的改变而改变；二是使用月工资对工资水平进行测量很可能忽视劳动时间的影响。因此，这里我们同样在对来自党政机关、事业单位的个人样本进行剔除，以及将被解释变量由月工资转化为小时工资两种情况下，重新运用工具变量分位数回归进行稳健性检验。

从表5.3和表5.4的稳健性检验中可以看到，无论是剔除体制内样本后的分析结果，还是以小时工资作为被解释变量的回归结果，虽然在各分位点上城市人力资本工资溢价的系数有所改变，但是人力资本外部效应在不同收入阶层间的分布差异没有发生明显变化，且斜率相等检验均在至少10%的显著性水平上拒绝原假设。

表5.3			稳健性检验（剔除体制内样本）		
变量	（1） 10 分位点	（2） 30 分位点	（3） 50 分位点	（4） 70 分位点	（5） 90 分位点
城市人力资本	−0.0135 （0.1120）	0.0914 ** （0.0457）	0.0877 ** （0.0450）	0.0859 ** （0.0406）	0.1451 ** （0.0774）
个人特质	控制	控制	控制	控制	控制
城市特征	控制	控制	控制	控制	控制
样本量	7337	7337	7337	7337	7337
斜率相等检验	1.99 [0.0939]				

注：①** 表示5%的显著性水平，括号内数字是经过城市层面聚类调整的稳健标准误；②斜率相等检验中括号内报告的是 P 值；③这里省略了控制变量的估计结果。

表5.4			稳健性检验（被解释变量小时工资）		
变量	（1） 10 分位点	（2） 30 分位点	（3） 50 分位点	（4） 70 分位点	（5） 90 分位点
城市人力资本	0.1063 （0.0841）	0.1373 *** （0.0337）	0.1435 *** （0.0331）	0.2067 *** （0.0360）	0.2138 *** （0.0570）
个人特质	控制	控制	控制	控制	控制
城市特征	控制	控制	控制	控制	控制
样本量	9600	9600	9600	9600	9600
斜率相等检验	2.49 [0.0411]				

注：①*** 表示1%的显著性水平，括号内数字是经过城市层面聚类调整的稳健标准误；②斜率相等检验中括号内报告的是 P 值；③这里省略了控制变量的估计结果。

此外，本章还在剔除了体制内个人样本和用小时工资作为被解释变量的情况下进行了全分位点的稳健性检验，从图5.3与图5.4中可以看到，人力资本工资溢价的回归系数只是在剔除了体制内样本后的全分位点检验中波动性略显增大，但是变动趋势基本与前面的研究结果保持了一致，这进一步说明本章的研究结论是稳健的。

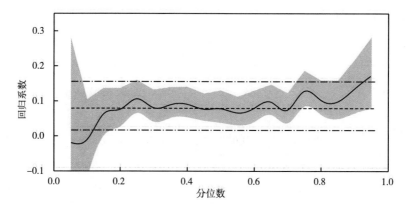

图 5.3　剔除体制内样本的全分位点检验

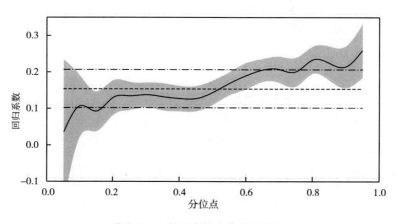

图 5.4　小时工资的全分位点检验

5.4　城市人力资本外部性收入阶层分布的成因

5.4.1　劳动力素质对人力资本外部性分布的影响

　　根据前面的分析，较高的劳动力素质，可能是造成高收入群体更容易从人力资本外部性中获益的重要因素。这里我们将劳动力的个人受教育年限作为劳动力素质的观测指标，并将劳动者按照工资水平由低到高平均分成五组，则会发现：这五组劳动者的平均受教育年限分别为 9.88 年、10.74 年、11.65

年、12.36 年和 13.38 年，收入越高，个人受教育年限越长。为了进一步检验
劳动力素质对劳动者从人力资本外部性中获益的影响，我们在基准回归模型
的基础上加入了个人受教育年限与城市人力资本水平的交互项。表 5.5 报告
了该模型的检验结果。估计结果显示，在加入个人受教育年限与城市人力资
本水平的交互项后，城市人力资本的工资溢价系数均变得不再显著，但交互
项却显著为正。这表示劳动者从人力资本外部性中获益的水平直接依赖于劳
动者个人的素质，劳动者的个人素质越高，从城市人力资本外部性中受益
越大。

表 5.5　　　　　学习能力影响人力资本外部性的 2SLS 估计结果

变量	(1)	(2)
城市人力资本	-0.0010 (0.0666)	-0.1140 (0.0837)
个人教育与城市人力 资本水平的交互项	0.0159 *** (0.0052)	0.0205 *** (0.0049)
个人特质变量	控制	控制
城市特征变量	未控制	控制
中心 R^2	0.2286	0.2551
样本数量	9611	9611

注：*** 表示 1% 的显著性水平，括号内数字是经过城市层面聚类调整的稳健标准误。

　　表 5.6 表示按个人受教育年限所划分的不同劳动力群体中城市人力资本
回归系数的变化情况。从表 5.6 中可以看到，在个人受教育年限（以 T 来表
示）大于 12 年的群体（大致对应具有大专及以上学历的劳动力群体）中，城
市人力资本的回归系数为 0.2642，而在个人受教育年限小于等于 12 年但是大
于 9 年的劳动力群体（大致对应具有高中或中专学历的劳动力人口）中，城
市人力资本的回归系数为 0.1531，而在个人受教育年限小于等于 9 年的劳动
力群体（大致对应具有初中及以下学历的劳动力人口）中，城市人力资本的
回归系数进一步下滑到了 -0.0206，且没有通过 10% 的显著性检验。从这个
结果中可以更加直观地看到，随着劳动者个人素质的提高，他们从城市人力
资本外部性中获益的程度是显著增强的。

表 5.6　　　　　　　　　不同教育分组的 2SLS 估计结果

变量	(1) 12 年 < T	(2) 9 年 < T ≤ 12 年	(3) T ≤ 9 年
城市人力资本	0.2642 *** (0.0528)	0.1531 *** (0.0579)	− 0.0206 (0.0629)
个人特质	控制	控制	控制
城市特征	控制	控制	控制
中心 R^2	0.2371	0.1693	0.1480
样本量	3470	2842	3288

注：*** 表示 1% 的显著性水平，括号内数字是经过城市层面聚类调整的稳健标准误。

5.4.2　行业特征对人力资本外部性分布的影响

正如理论分析部分阐述的那样，不同收入水平劳动者所从事的行业对外部性知识的依赖程度存在着巨大差异。高收入劳动者从事的工作通常是知识密集型、技术密集型行业，而这些行业的性质决定了，与传统的劳动密集型与资本密集型产业相比，它们将更依赖于劳动者交流、互动所形成的增量知识与技术创新。为了验证行业特征对人力资本外部性的影响，本书参考章莉和李实（2016）对传统产业与知识密集型产业的划分标准①，将劳动力分成了传统产业与知识、技术密集型产业两大群体，并分别通过 2SLS 实证考察了城市人力资本外部性对它们产生的影响。而从 2SLS 最后的报告结果中（见表 5.7）可以看到，实证结论与我们的理论预期是相符的，在传统产业中城市人力资本的回归系数仅为 0.0607，并且在统计上并不显著。而在知识、技术密集型行业中我们测量到的城市人力资本回归系数则高达 0.2621。这表明

----

① 章莉、李实（2016）对传统行业与知识、技术密集型行业的具体划分标准是：传统行业包括农、林、牧、渔业，采矿业，建筑业，批发零售业，交通运输、仓储和邮政业，住宿和餐饮业，租赁和商务服务业，居民服务、修理和其他服务业；知识、技术密集型行业包括制造业，信息传输、软件和信息技术服务业，金融业，房地产业，科学研究和技术服务业，水利、环境和公共设施管理业，教育，卫生和社会工作，文化、体育和娱乐业，公共管理、社会保障和社会组织。

在高技术行业中的人力资本外部性更强，该结果与常庆福等（2016）利用台湾制造业企业数据所得到的研究结论是一致的。

表5.7　　　传统行业与知识（技术）密集型行业的2SLS估计结果

变量	（1） 传统行业	（2） 知识、技术密集型行业
城市人力资本	0.0607 (0.0523)	0.2621 *** (0.0441)
个人特质变量	控制	控制
城市特征变量	控制	控制
中心 R^2	0.2094	0.2641
样本数量	4783	4817

注：*** 表示1%的显著性水平，括号内数字是经过城市层面聚类调整的稳健标准误。

为了更加精细地观察城市人力资本外部性在不同行业间的差异情况，本书根据一位数的国民经济行业分类（GB/T 4754－2011）进一步将全部样本分为19个行业[①]，并分别对它们进行了人力资本外部性的检验。从2SLS的分析结果来看（见表5.8）[②]，人力资本外部效应在不同行业劳动者间的差异是巨大的。我们只在信息传输、软件和信息技术服务业，金融业，电力、热力、燃气及水生产和供应业，教育业，公共管理、社会保障和社会组织，制造业这六个细分行业中观察到了显著的人力资本外部效应。和我们预期相一致的是，这六个行业均属于知识或技术密集型行业，且知识与技术的密集程度越高，观测到的人力资本外部效应越强。其中，信息传输、软件和信息技术服务业，金融业，电力、热力、燃气及水生产和供应业的工资溢价系数分别高达0.7379、0.5045与0.4073。但这六个行业以外的其他十二个行业的分析结果则不能支持存在着显著的人力资本外部效应。以上结果表明，主要从事知

---

① 按照国民经济行业分类（GB/T 4754－2011）的划分，全部样本可以被划分为20个行业分类。但是，由于国际组织行业只有两个有效样本，低于可以进行回归分析的最小样本容量，因此，这里我们报告的行业只涉及除国际组织行业以外的其他19个行业。

② OLS回归与2SLS回归的结果比较相似，为了节省篇幅，这里只报告了2SLS的分析结果，如需OLS估计结果可向笔者索取。

识与技术密集型行业的高收入劳动群体确实从城市人力资本的外部性中获益更大。需要特别指出的是，知识密集程度最高的科学研究和技术服务业并没有像我们预期的那样观测到显著的人力资本外部效应。造成这一问题的原因应该在于该行业的样本容量过低（仅 79 例个人样本），这么小的样本容量并不足以得到可靠的检验结果。

表 5.8　　　　　　　　基于一位数产业分类的 2SLS 估计结果

变量	(1) 行业 A	(2) 行业 B	(3) 行业 C	(4) 行业 D	(5) 行业 E
城市人力资本	−0.0549 (0.3177)	−0.1840 (0.2208)	0.0971 * (0.0598)	0.4073 *** (0.1804)	0.1843 (0.1981)
个人特质变量	控制	控制	控制	控制	控制
城市特征变量	控制	控制	控制	控制	控制
中心 R^2	0.4178	0.2494	0.2055	0.3143	0.1929
样本数	257	290	1401	240	482
变量	(6) 行业 F	(7) 行业 G	(8) 行业 H	(9) 行业 I	(10) 行业 J
城市人力资本	0.0747 (0.1260)	0.1604 (0.1174)	0.1617 (0.1737)	0.7379 *** (0.0252)	0.5045 ** (0.2307)
个人特质变量	控制	控制	控制	控制	控制
城市特征变量	控制	控制	控制	控制	控制
中心 R^2	0.2162	0.2180	0.1933	0.3360	0.3183
样本数	1193	713	467	301	278
变量	(11) 行业 K	(12) 行业 L	(13) 行业 M	(14) 行业 N	(15) 行业 O
城市人力资本	−0.8746 ** (0.3983)	0.2198 (0.2240)	−0.6169 (0.5077)	−0.2155 (0.2722)	−0.0890 (0.1284)
个人特质变量	控制	控制	控制	控制	控制
城市特征变量	控制	控制	控制	控制	控制
中心 R^2	0.2929	0.2805	0.5032	0.5788	0.2001
样本数	114	311	79	109	1077

变量	（16） 行业 P	（17） 行业 Q	（18） 行业 R	（19） 行业 S	
城市人力资本	0.3615 *** （0.1291）	− 0.0808 （0.1828）	− 0.2803 （0.2452）	0.1921 ** （0.0986）	
个人特质变量	控制	控制	控制	控制	
城市特征变量	控制	控制	控制	控制	
中心 R^2	0.2462	0.4341	0.3438	0.3549	
样本数	623	396	203	1054	

注：①19 个行业分类分别为：A 农、林、牧、渔业；B 采矿业；C 制造业；D 电力、热力、燃气及水生产和供应业；E 建筑业；F 批发和零售业；G 交通运输、仓储和邮政业；H 住宿和餐饮业；I 信息传输、软件和信息技术服务业；J 金融业；K 房地产业；L 租赁和商务服务业；M 科学研究和技术服务业；N 水利、环境和公共设施管理业；O 居民服务、修理和其他服务业；P 教育；Q 卫生和社会工作；R 文化、体育和娱乐业；S 公共管理、社会保障和社会组织；T 国际组织。② *** 、** 、* 分别表示 1% 、5% 、10% 的显著性水平，括号内数字是经过城市层面聚类调整的稳健标准误。

5.4.3 劳动力市场分割对人力资本外部性分布的影响

一般认为，户籍是造成城市劳动力市场分割最具代表性的一个制度门槛（孙文凯、白重恩，2011；章莉、李实，2016）。为了验证劳动力市场分割影响人力资本外部性的理论推断，我们进一步分析了人力资本外部性在两种不同户籍来源劳动者（原住城镇居民与农转非居民）间的差异。虽然这两种户籍类型都属于法律意义上的城镇户籍，但两者的区别在于，农民拥有了城镇户籍并不等于就立即获得了与城市原住居民相平等的经济、社会资源。事实上，户籍是制度力量长期积累的产物。城市劳动力市场对农村劳动力的排斥与歧视不会因为一纸文书的改变而迅速消失（陈云松、张翼，2015）。因此，理论上我们仍然能从原住城镇居民与农转非居民之间观测出户籍制度所造成的市场分割效应。表 5.9 的（1）、（2）列报告的 2SLS 结果显示，正如我们预期的那样，城市原住居民和农转非居民之间的差异是显著的。城镇原住居民的人力资本工资溢价系数为 0.2079，并通过了 1% 水平的显著性检验，而农转非居民的人力资本工资溢价系数仅为 0.0259，且在统计上并不显著。

表 5.9 不同户籍来源的 2SLS 估计结果

变量	(1) 城市原住 居民	(2) 农转非 居民	(3) 城市原住 居民	(4) 农转非 居民	(5) 城市原住 居民	(6) 农转非 居民
城市人力 资本水平	0.2079 * (0.1174)	0.0259 (0.0651)	0.4893 *** (0.1161)	0.3428 ** (0.1691)	0.5068 *** (0.0766)	0.1797 ** (0.0779)
个人特质	控制	控制	控制	控制	控制	控制
城市特征	控制	控制	控制	控制	控制	控制
中心 R^2	0.2416	0.2495	0.2551	0.3036	0.2410	0.2771
样本数量	5852	2914	1042	320	2465	1158

注：①***、**、*分别表示 1%、5%、10%的显著性水平，括号内数字是经过城市层面聚类调整的稳健标准误；②2SLS 估计中报告的是中心 R^2；③这里省略了第一阶段回归的结果。

考虑到劳动力市场分割与劳动力素质、行业特征可能存在的交叉。为了尽可能将劳动力素质与行业特征所造成的影响剥离出来，本书又从两方面进行了检验。一方面，将同样具有本科学历的劳动者样本抽取出来，按照原住居民与农转非居民分组重新进行检验。这样基本可以在劳动力素质基本相同的条件下，观察不同户籍来源群体间人力资本外部性的差异。表 5.9 的（3）、（4）列报告了这一估计结果，在学历背景相同的条件下，虽然农转非群体的工资溢价系数高达 0.3428，且在统计上显著，但仍然低于城镇原住居民群体的 0.4893。另一方面，根据分行业回归的估计结果，我们将能够显著从城市人力资本外部性中获益的六个行业抽取出来，分别对其中的原住城镇居民与农转非居民群体进行检验，这样能够在保障样本量足够大的情况下，尽可能减弱行业特征对估计结果产生的影响。表 5.9 的（5）、（6）列报告了该估计的结果。可以看到，在控制了行业特征对人力资本外部性影响的条件下，农转非居民群体从城市人力资本外部性中的获益仍然显著低于城镇原住居民组。这意味着户籍制度所形成的劳动力市场分割抑制了人力资本外部效应在不同劳动群体间的均衡分布，即使在农村人口取得城市户籍的情况下，人力资本外部性在不同户籍来源群体间的结构性差异仍然不能在短时间内得到弥合。

5.5 不完全替代性：需要寻找的另一块拼图

从前面的实证研究中，我们得到了城市人力资本外部性对高收入群体更有利的经验性结论。但是，却并没有观察到低技能劳动者与高技能劳动者之间存在不完全替代效应的迹象①。而这一现象与基于西方劳动力市场的经验性观察是截然不同的，那么是什么因素造成了这种差异呢？是劳动力间的不完全替代效应没有发挥作用，还是发挥了作用却被高收入群体间更强的人力资本外部效应所掩盖了？本书认为，回答这个问题必须回到对中国城市劳动力市场特征以及所采用的微观数据结构的讨论上。

随着 2000 年以来中国城市化以及工业化进程的加速，城市部门对劳动力的需求量也迅速增加，但城市部门自身的劳动力供给并不能满足这种迅速扩张的刚性需求。因此，大量农村流动人口的进入，无疑是对城市劳动力需求的一种重要补充。而由于流动劳动力的平均受教育水平普遍偏低，这就决定了他们所从事的工作性质，往往是城市本地劳动力不愿意从事的苦活、脏活、累活。而恰恰是这些高技能群体不愿意从事的工作更容易和高技能劳动形成良好的互补关系（杨云彦，2001；钟笑寒，2007）。即使对于流动人口中的少数高素质劳动力，他们仍然有可能因为城市政府部门保护本地就业的歧视性政策，而被排斥在高技能的工作岗位之外（蔡昉等，2001）。X. 孟（Meng，

---

① 事实上，目前理论界在关于由劳动力间不完全替代效应所引起的低技能群体边际产出上涨是否属于严格意义上外部性的问题上还存在很大的争议。一种观点认为，从这种新古典劳动力供给不完全替代效应的发生机制上来看，它并不是一种市场失灵，因此应该将其与人力资本的知识或技术溢出所形成的外部效应相区别（Cicoone & Peri，2002）。但同时另一种观点则认为，我们可以将劳动力供给的不完全替代效应视作一种货币外部性，虽然它与阿西莫格鲁提出的标准货币外部性有很大的不同（Moretti，2004c）。而从研究的实践上来看，国内一些学者的研究，如梁文泉和陆铭（2016）、孙三百（2016），也没有将不完全替代效应所造成的生产率提高与知识、技术溢出所造成的生产率提高相分离。本书中，笔者不想过多地纠结于这种概念上的争论，因为，不管不完全替代效应所引起的生产率提高是否属于标准意义上的人力资本外部性，它所对低技能劳动者生产率及工资所造成的客观影响都是相似的，也是同样重要的。所以，作为一个中国现实背景下问题导向的研究，笔者认为应该将这种不完全替代效应列入本书的研究视野。但是，从更为严谨的角度出发，本书也试图将这种由不完全替代效应所引起的劳动生产率的增长与知识和技术的溢出效应相分离。

2012）通过对 2009 年中国城市居民调查（UHS）数据的分析后发现，城市
劳动力市场中 89% 的流动人口从事的是产品生产和销售服务等非技能型工
作，而在城市户籍人口中这一比例仅不到 40%。这意味着城市中的流动人
口与户籍人口之间确实是一种低替代性关系，而流动人口更容易从劳动力
间的不完全替代效应中获益。但是，本书所使用的 CHIP 城镇调查数据是以
城市户籍人口作为抽样基础的，并不包括城市中的流动人口，这就导致最
容易从不完全替代效应中获益的群体并没有包含在分位数回归的样本中。
因此，在本书之前的实证考察中可能缺少了一块观察不完全替代性的重要
拼图。幸运的是，历年的 CHIP 调查也提供了城乡流动人口的相关个人数
据，这使得本书能够进一步通过它们来考察劳动力间的不完全替代性对低
收入群体产生的影响。

　　图 5.5 与图 5.6 是本书根据 CHIP2002 与 CHIP2013 的城镇人口数据与城
乡流动人口数据所绘制的城市户籍人口与城市流动人口的年工资核密度分布。
在 2002 年的数据中可以发现，与城市户籍人口的工资分布相比，城市流动人
口的工资分布明显左移，且峰态系数较大，这说明城市流动人口的工资水平

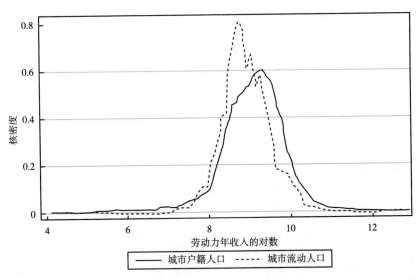

图 5.5　2002 年城市户籍人口与流动人口工资核密度分布
资料来源：作者根据 CHIP2002 数据绘制。

不仅整体偏低，并且相对集中地分布在低收入的区间。而到了2013年，除了城市流动人口的工资分布峰态系数稍大外，城市流动人口的工资分布已经与城市户籍人口的工资分布基本相同，特别是在低收入区间，两者的密度分布基本上是重合的。这意味着从2002年到2013年中国城市的流动人口经历了更加快速的工资上涨。

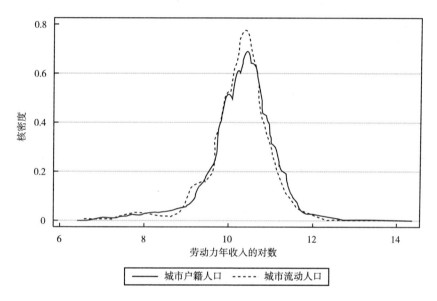

图5.6 2013年城市户籍人口与流动人口工资核密度分布

资料来源：作者根据 CHIP2013 数据绘制。

那么，这是否意味着劳动力间的不完全替代性确实发挥了作用呢？为了进一步验证以上理论推断，本书把 CHIP2013 的流动人口数据与城市人口数据一起纳入分位数回归的样本框。如果以上理论推断成立的话，我们将会在低收入的分位点观察到更强的城市人力资本工资溢价，但是在高收入的分位点，城市人力资本的回归系数将基本保持不变。表5.10显示了将流动人口纳入样本框后的分位数回归与工具变量分位数回归结果。与户籍人口的分位数回归结果相比，不管是 QR 还是 IVQR 在10分位点上、30分位点上的城市人力资本的回归系数均有明显的增加。特别是在10分位点上，城市人力资本回归系数的变化尤为显著，QR 与 IVQR 的估计结果分布从 0.0976 和 0.0559 增加到了 0. 1606 和 0. 1334。但是在 50 分位点、70 分位点与 90 分位点上，城市人力资本回归系数的变化都不算大。这一实证结果与本书的理论预期是高度一致的，它说明中国城市劳动力市场上的不完全替代效应是客观存在的，并且城市当中的流动劳动力是人力资本集聚所产生不完全替代效应的主要受益群体。

表 5. 10　　　　　　　　　加入城市流动人口前后的分位数回归结果

QR 估计结果	10 分位点	30 分位点	50 分位点	70 分位点	90 分位点
加入后 城市人力资本回归系数	0. 1606 ** (0. 0779)	0. 1432 *** (0. 0269)	0. 1212 *** (0. 0246)	0. 1576 *** (0. 0277)	0. 2424 *** (0. 0377)
加入前 城市人力资本回归系数	0. 0976 (0. 0847)	0. 1223 *** (0. 0292)	0. 1391 *** (0. 0271)	0. 1808 *** (0. 0305)	0. 2567 *** (0. 0425)
加入流动人口 回归系数的前后差异	+ 0. 0630	+ 0. 0209	− 0. 0179	− 0. 0232	− 0. 0143
IVQR 估计结果	10 分位点	30 分位点	50 分位点	70 分位点	90 分位点
加入后 城市人力资本回归系数	0. 1334 (0. 0894)	0. 1363 *** (0. 0316)	0. 1187 *** (0. 0246)	0. 1651 *** (0. 0325)	0. 1998 *** (0. 0436)
加入前 城市人力资本回归系数	0. 0559 (0. 0808)	0. 1130 *** (0. 0358)	0. 1418 *** (0. 0331)	0. 1885 *** (0. 0357)	0. 2080 *** (0. 0485)
加入流动人口 回归系数的前后差异	+ 0. 0775	+ 0. 0233	− 0. 0231	− 0. 0234	− 0. 0082

注：*** 、** 分别表示 1% 、5% 的显著性水平。

　　而纳入流动人口数据后的全分位点估计结果（见图 5.7 与图 5.8）则表明，当考虑到不完全替代效应的影响后，城市人力资本外部效应对各个收入阶层的影响趋势又呈现出了新的特征：虽然城市人力资本对各收入群体的影响仍然为正，但是随着工资分位点的提高，城市人力资本外部性影响呈现出 U 形的变化趋势，但即使在这种情况下中低收入群体从人力资本外部性中的获益能力仍然低于高收入群体，具体来说，高收入群体从人力资本外部性中的获益最大，低收入群体次之，而中等收入群体最弱。或者说，随着人力资本在城市部门的集聚，高收入群体更容易从人力资本的技术与知识溢出中获益，低收入群体也能从低技能劳动者与高技能劳动者间的不完全替代效应中获得较大的收益，而恰恰是中等收入群体处在一个"高不成低不就"的尴尬地位。这一结果与一部分历史文献的研究结论在逻辑关系上是可以实现自洽的。埃克豪特等（Eeckhout et al.，2014）对美国城市数据的分析结果表明，在大城市中高技能劳动者与低技能劳动者所占的比重都比较高，而中间技能劳动力所占的比重较低。中等收入群体在人力资本集聚过程中的这种尴尬地位，可能正是引起中等技能劳动者在大城市占比较小的一个主要诱因。

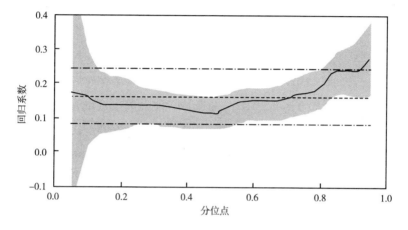

图 5.7　QR 的全分位点检验

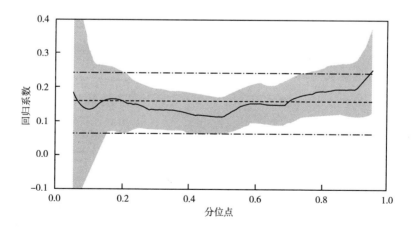

图 5.8　IVQR 的全分位点检验

5.6 本 章 小 结

　　既然人力资本在中国城市部门的集聚形成了显著的人力资本外部效应，那么这种外部性的红利有没有"普惠"式地使不同收入阶层的劳动者受益呢？为了回答这一问题，本章使用 CHIP2013 数据，并通过工具变量分位数回归进一步考察了人力资本外部效应在不同收入群体间的异质性分布，揭示了人力资本外部效应在中国城市不同收入群体间的分布规律。结果显示，城市人力资本的外部效应并没有均衡地使城市中的各个收入阶层受益，而是在不同的收入群体间表现出了巨大的结构性分化。基于户籍人口的实证结果说明，收入水平越高，人力资本的外部性越强，工资收入最高 10% 阶层的城市人力资本工资溢价是工资收入最低 10% 阶层的 4 倍左右。而不同收入劳动者在个人素质、工作行业上的差异，以及各种制度壁垒所形成的劳动力市场分割，是造成人力资本外部效应出现收入阶层分化的重要诱因。虽然考虑到劳动力间不完全替代效应对城市流动人口的影响后，低收入群体的获益能力有所增强，但是并不能从根本上改变城市人力资本外部性对高收入群体更有利的基本趋势。

6　城市规模与人力资本外部性

在推进以人为核心的新型城镇化政策背景下，中国应该走一条怎样的城市化发展道路，是优先发展大城市，还是优先发展中小城镇？始终是理论界一个饶有兴趣且充满争议的话题。一部分学者认为中国大部分城市已经超过或者接近所谓的"最优规模"，应该严格限制大城市的发展，重点发展中小城镇（梁靖等，2015；孙久文，2015）。而另一部分学者则认为，与发达国家相比，中国的中小城市过多，大城市发育明显不足，应该鼓励大城市的优先发展（Au & Henderson，2007；陆铭等，2011，2016；孙祥栋等，2015）。支持大城市优先发展的一项非常重要的经济理性在于，技术、知识在城市居民间互相传播而形成的人力资本外部性（Lucas，2001；Duranton，2004；Moretti，2004a；Glaeser，2014）。规模更大的城市集聚着数量更多的高技能劳动者，以及更高的人口密度，而这些因素都有助于提高劳动力间交流的频率，改善交流的质量，并能够最终增强人力资本的外部效应（Glaeser，1999）。

事实上，以人为核心的新型城镇化，暗含着非常重要的经济学意义，那就是要把人作为一切生产要素的核心载体。城市发展终究要依靠人、为了人，无论倾向于选择哪种城市化道路，都必须把如何发挥人的作用，如何实现人的价值，如何提高城镇居民的人口素质和生活质量作为最为重要的判断标准。但是，与拥堵、污染等显而易见的"城市病"相比，人力资本外部性却是无形的，人力资本外部性与城市规模间的这种正相关性更多的是基于逻辑归纳的一种经济直觉，而缺少客观和明晰的经验性证据。这一情况下就很容易诱发一种潜在的风险，即决策部门为了限制"城市病"的蔓延，而更倾向于将限制大城市人口规模作为政策目标①，而背离了城市规模提高经济效率、促进经济发展的客观规律。因此，本书在这一章节中将探索城市规模与人力资本外部性之间的内在联系，并试图从经验性的角度来回答人力资本外部性与城市规模是否相关这一重要的理论问题。而从政策实践的角度来看，在这里，作者无意过多地涉及对于各种城市化道路孰是孰非的争论，而是试图从如何充分发挥人力资本作用的角度，为各地区选择适宜的城市化道路提供必要的思路与线索。

6.1　城市规模越大人力资本外部性越强？

按照城市经济学的传统逻辑，随着城市规模的扩大，人力资本的外部效应也会随之提高。城市规模的扩大增强了劳动者之间的空间临近效益和社会网络效应，促进了知识尤其是缄默知识和黏性知识在不同经济主体间的传播。随着城市中拥有不同知识的个人或企业的数目不断增加，知识交流扩散所需的中介物减少，知识和信息的交流质量会提高。同时，在城市人口集聚条件下形成的地区文化以及在相同社会网络基础上衍生出的共同信任及理解，能够把不同的劳动者更为紧密地连接起来。这些积极性因素共同构成了人力资本外部效应的"倍增器"。

一些经验性研究确实捕捉到了人力资本外部效应随着城市规模的扩大而增强的证据。例如，亨德森和王显光（Henderson & Wang，2007）使用 1996～2000 年跨国都市区的数据，考察了城市规模对人力资本外部性的影响，他们

---

① 早在 1980 年，国家建设委员会就提出了"控制大城市规模，合理发展中等城市，积极发展小城市"的城市发展方针。之后在 1989 年颁布的《中华人民共和国城市规划法》中将城市化发展方针修改为"严格控制大城市规模，积极发展中等城市与小城市"。而在 2013 年中国共产党十八届三中全会的决定中，中国的城市发展方针被进一步表述为"要推进以人为核心的城镇化，推动大中小城市和小城镇的协调发展，建立和完善跨区域城市发展机制，全面放开建制镇和小城市落户限制，有序放开中等城市落户限制，合理确定大城市落户条件，严格控制特大城市的人口规模"。可以看到，从 1980 年至今，虽然中国的城市发展方针屡次做出调整，但是基于不同的政策目的，决策层对于大城市规模审慎与高度警惕的态度是始终未变的。

发现在 100 万人口的城市中，接受过高中教育的人口比例提高 1 个百分点会导致城市生产力增加 9%，而在 250 万人口的城市中，该效应达到 17%。刘志强（2014）则利用中国工业企业数据库的数据，实证分析了城市人力资本外部效应对企业全要素生产率的影响，结果表明在人口规模较大的城市中人力资本外部效应也更强。格莱泽和陆铭（2014）通过中国城市劳动者微观数据的实证研究也得到了类似的结论。

但是以上研究仍然存在着值得改进的空间。

（1）从理论层面上来看，上述研究没有充分考虑到城市规模扩大对城市资本外部性同样存在着抑制作用。近年来，越来越多的经验性证据表明，城市规模与经济效率间可能存在着倒 U 形的关系，即存在着一个最优的城市规模，当城市规模跨过这一临界点之后，城市规模的扩大将抑制经济效率的提高（Au & Henderson，2007；Parkinson et al.，2015）。这就意味着我们必须在非线性的条件下系统反思城市规模与城市外部效应之间的所有逻辑链条，而这当然不能缺少城市规模与人力资本外部性关系的再讨论。事实上，随着城市规模的扩大，某些抑制人力资本外部性形成的因素也在不断地积累。一方面，人力资本外部效应会随着经济距离与地理距离的增加而下降。费尔德曼和奥德斯（Feldman & Audrescth，2003）与梁琦（2004）在系统回顾了知识和技术溢出方面的理论和经验文献后发现，知识和技术的传播与溢出确实受到地理空间的限制[①]。格林斯通（Greenstone，2010）考察了空间邻近效应对人力资本外部效应的影响后发现，人力资本外部效应表现出快速的空间衰退特征，在 5~25 英里范围内人力资本外部效应的强度只有 5 英里以内的 1/3。另一方面，随着城市规模的扩大，人口大规模集中所造成的交通拥堵、生活成本提高、环境质量下降都大大降低了城市对于人才的吸引力。因此，在对城市规模与人力资本外部性之间关系进行再反思的过程中，必须审慎地考虑到这种可能存在的非线性关系。

（2）忽视了人力资本外部性及其微观机制的异质性特征。过去绝大多数致力于观测和测量城市人力资本外部性的实证研究，都倾向于着重考察城市

[①] 城市知识溢出与城市人力资本外部性是两个等同的概念（Glaeser，2009）。

规模对人力资本外部性影响的整体趋势。但通过前文对于人力资本外部性及其微观机制的考察，我们不难发现，在不同行业、不同的微观机制下人力资本外部性的差异是显而易见的。因此，在各微观机制的形成基础及自然属性存在巨大差异的情况下，我们不能将一个产业或一种微观机制所具有的性质"削足适履"地应用于其他。更为确切地说，城市规模与不同产业、不同的人力资本外部性的微观机制之间可能存在着各自迥然不同的逻辑关系，而经验性研究必须充分评估城市规模将对此产生的异质性影响。

从以上分析中可以看出，虽然城市规模的扩大在理论上可以增强人力资本的外部效应，但是考虑到地理空间的限制、通勤成本增加和环境质量恶化等不利因素，城市规模对人力资本外部效应的影响将有可能是非线性的。此外，考虑到人力资本外部效应及其微观机制的异质性，城市规模对人力资本外部性的影响将变得更为复杂。因此，城市规模对人力资本外部性的影响是一个需要谨慎识别的经验性问题。而本书不仅对城市规模与人力资本外部性之间的一般趋势进行实证检验，而且将在非线性条件下考察城市规模对不同产业、不同外部性微观机制的异质性影响，以弥补现有文献的不足，也为中国政府推动以人为核心的新型城镇化提供可以借鉴的决策依据。

6.2　计量模型的构建与检验方法

为了实证考察城市规模对人力资本外部性的影响，本书在 CHIP2013 城市居民调查数据的基础上，采用截面数据的门槛效应回归来分析不同城市规模下城市人力资本外部性的变化规律。我们根据第 4 章提出的基准计量方程，如式（6.1）所示，并在其基础上提出本章的门槛回归模型。

$$\ln w_{ij} = c + \theta H_j + \alpha' X_{ij} + \beta' City_j + \varepsilon_{ij} \tag{6.1}$$

首先，我们假设存在基于城市规模的"单门槛效应"，并建立单门槛回归模型式（6.2），然后将其扩展到基于城市规模的双门槛模型式（6.3）与三门槛模型式（6.4）。

$$\ln w_{ij} = c + \theta_1 H_j I(Pop_j \leqslant \eta_1) + \theta_2 H_j I(\eta_1 < Pop_j)$$
$$+ \alpha' X_{ij} + \beta' City_j + \varepsilon_{ij} \tag{6.2}$$

$$\ln w_{ij} = c + \theta_1 H_j I(Pop_j \leqslant \eta_1) + \theta_2 H_j I(\eta_1 \leqslant Pop_j < \eta_2)$$
$$+ \theta_3 H_j I(\eta_2 \leqslant Pop_j) + \alpha' X_{ij} + \beta' City_j + \varepsilon_{ij} \tag{6.3}$$

$$\ln w_{ij} = c + \theta_1 H_j I(Pop_j \leqslant \eta_1) + \theta_2 H_j I(\eta_1 \leqslant Pop_j < \eta_2)$$
$$+ \theta_3 H_j I(\eta_2 \leqslant Pop_j < \eta_3) + \theta_4 H_j I(\eta_3 \leqslant Pop_j)$$
$$+ \alpha' X_{ij} + \beta' City_j + \varepsilon_{ij} \tag{6.4}$$

其中：H_j 代表城市人力资本水平，以大学毕业生占城市人口的比例来表示；Pop_j 为门槛变量城市规模，以市辖区的人口数来表示；η_1、η_2、η_3 分别为待估计的门槛值，且 $\eta_1 < \eta_2 < \eta_3$，$I(\cdot)$ 为指标函数；$\ln w_{ij}$ 为 j 城市 i 劳动者的月工资收入；X_{ij} 为反映劳动者个人特质的控制变量，$City_j$ 为反映城市特征的控制变量，各变量的构成、数据来源和计算可参见第 4 章，这里不再赘述；ε_{ij} 为随机扰动项。

在利用截面数据门槛模型进行分析的情况下，不仅需要估计门槛值（η_1、η_2、η_3），还需要估计它们分别对应的斜率值（θ_1、θ_2、θ_3、θ_4）。理论上，城市规模的门槛值 η_i 可以是 Pop_j 取值范围内的任意一个数值。估计门槛值 η_i 的具体方法为：将任意的 η_0 作为初始值赋予 η，然后采用最小二乘回归来估计各系数并得到相应的残差平方和（$S_1(\eta)$）。使用相同的办法我们可以在城市规模的取值区间获取多个 η_0 并计算它们对应的残差平方和，那么使 $S_1(\eta)$ 取最小值的 η_0 就是门槛值 η 的估计值 $\hat{\eta}$，即 $\hat{\eta} = \mathrm{argmin} S_1(\hat{\eta})$。在得到门槛值 η_1 以后，可以采用逐步搜索法来进一步取得第二个使 $S_2(\eta)$ 取最小值的门槛值 η_2，即 $\eta_2 = \mathrm{argmin} S_1(\hat{\eta}, \eta_2)$（鲁钊阳等，2013；张林等，2014）。得到门槛值的估计值之后，就比较容易计算与之对应的斜率。

此外，在得到门槛值的估计值之后，还需要进一步检验门槛效应的显著性与门槛值的真实性。单门槛效应显著性检验的原假设为：H_0：$\theta_1 = \theta_2$，而相应的检验统计量为：

$$F = (S_0 - S_1(\hat{\eta})) / \hat{\sigma}^2 \tag{6.5}$$

其中，S_0 为原假设条件下进行参数估计所得到的残差平方和，并且有 $S_0 \geqslant S_1(\hat{\eta})$，而 $\hat{\sigma}^2$ 为对随机扰动项方差的一致估计。但是在原假设条件下，由于关于 η 的似然面（likelihood surface）是单调的，因此门槛效应的检验统计量 F 不再服从中心卡方分布，得到的信息矩阵也是奇异的，标准的渐进参数将不再适用。但是可以采用自举抽样法来模拟出其渐进分布，并进而检验门槛效应的显著性（Hansen，1996）。

门槛值真实性检验的原假设为 $H_0: \hat{\eta} = \eta_1$，而相应的统计量为：

$$LR(\eta) = (S_1(\eta) - S_1(\hat{\eta}))/\hat{\sigma}^2 \tag{6.6}$$

由于式（6.6）中 LR 统计量也是非标准分布的，所以汉森（Hansen，1999）又提出一个公式 $LR(\eta) \geqslant -2\ln(1 - \sqrt{1-\alpha})$ 来计算 LR 统计量的解决域，其中 α 表示显著性水平。双门槛效应与三门槛效应的显著性与门槛值真实性检验方法与单门槛效应相似，这里不再赘述。

6.3 全样本的实证结果

6.3.1 线性条件下的回归分析

为了保障实证结果的可靠性，在利用门槛回归模型进行分析之前，本书首先在线性条件下，通过加入城市人力资本与城市规模交互项以及对城市规模进行分组的办法来考察人力资本外部性随城市规模的变化情况。表6.1的（1）~（4）列表示以样本城市的城市规模中位数216万为界，将总体样本划分为中小城市与大城市的估计结果，可以看到无论是 OLS 还是 2SLS 的估计结果均不能支持中小城市中存在着显著的人力资本外部性，而在大城市组中城市人力资本的回归系数则分别达到了 0.3382 与 0.4893，并通过了 1% 的显著性检验。而在模型中加入城市人力资本与城市规模的交互项之后，我们发现城市人力资本的回归系数均显著为负，而交互项的回归系数均在 1% 的水平上显著为正，以上两个结果意味着，城市人力资本的外部效应确实随着城市规模的扩大而增强。同时，根据交互项的估计结果我们也可以大致估算出可以产生显著人力资本外部性的城市规模临界值。OLS 估计的城市规模临界值为 4.99（0.5739/0.1235），还原为城市人口的原值为 105 万人，而 2SLS 估计的产生人力资本外部性城市规模的临界值为 5.65（1.4507/0.2566），还原为城市人口的原值为 284 万人。虽然两种估计方法得到的城市规模临界值有所不同，但在数值上仍然是比较接近的。

表 6.1　　　　　　　　不同城市规模下的人力资本外部性估计结果

变量	中小城市		大城市		全样本	
	(1) OLS	(2) 2SLS	(3) OLS	(4) 2SLS	(5) OLS	(6) 2SLS
城市人力资本水平	0.0184 (0.0520)	-0.1793*** (0.0761)	0.3382*** (0.0682)	0.4893*** (0.0800)	-0.5739*** (0.0977)	-1.4507*** (0.3391)
城市人力资本 × 城市规模					0.1235*** (0.0157)	0.2566*** (0.0321)
个人特质控制变量	控制	控制	控制	控制	控制	控制
城市特征控制变量	控制	控制	控制	控制	控制	控制
中心 R^2	0.2051	0.2027	0.2523	0.2542	0.2569	0.2520
样本数量	4755	4755	4856	4856	9611	9611

注：① *** 表示 1% 的显著性水平，括号内数字是经过城市层面聚类调整的稳健标准误；②2SLS 估计中报告的是中心 R^2；③这里省略了控制变量以及第一阶段回归的结果。

6.3.2 非线性条件下门槛效应模型的回归结果

线性条件下的实证研究已经初步证明了城市人力资本的外部效应会随着城市规模的扩大而逐步增强。下面将进一步利用门槛回归模型，在更复杂的非线性条件下，检验不同城市规模条件下人力资本外部性的变化趋势。根据门槛回归模型的检验办法，在进行门槛模型回归之前，首先采用自举抽样法反复抽样 1000 次后，计算相应的 F 值和 P 值，并据此判断是否存在门槛值。

表 6.2 显示了以城市规模（*Pop*）为门槛变量的门槛效应检验结果。从表 6.2 的结果中可以看到，单门槛效应、双门槛效应及三门槛效应均在 1% 的显著性水平上通过了检验[①]。而表 6.3 则显示了以城市规模（*Pop*）为门槛变量的门槛值估计结果及其 95% 的置信区间。城市规模的门槛值 η_1、门槛值 η_2、门槛值 η_3 的估计值分别为 134 万人、333 万人、311 万人。

表 6.2 门槛效应检验

模型	F 值	P 值	临界值		
			1%	5%	10%
单一门槛	68.786***	0.0000	5.834	3.740	2.411
二重门槛	26.481***	0.0000	6.121	3.673	2.587
三重门槛	32.227***	0.0000	6.505	3.824	2.594

注：①P 值与临界值均为采用自助举法反复抽样 1000 次得到的结果；② *** 表示 1% 的显著性水平。

表 6.3 门槛值估计结果及置信区间

门槛值	估计值	95% 置信区间
门槛值 1	134.000	[104.000，136.000]
门槛值 2	333.000	[287.000，333.000]
门槛值 3	311.000	[311.000，311.000]

虽然关于城市规模的门槛效应检验结果显示存在着三重门槛值，但是由于第三个门槛值的置信区间与第二个门槛值发生重叠，且第三个门槛值小于第二个门槛值，因此不能采用三重门槛值的估计结果，而需要采用双门槛效应的估计结果。因此，本书进一步对双门槛效应的两个门槛值的真实性进行了检验，如图 6.1、图 6.2 所示，双门槛效应的两个门槛值的似然比值 LR 均小于 95% 置信水平上的临界值 7.35，处于原假设的接受域内，这表明双门槛模型的两个门槛值均是真实有效的。

---

① 由于汉森（1999）的方法只能检验 3 个及以下的门槛值，因此本书并没有对更多的门槛效应进行检验。

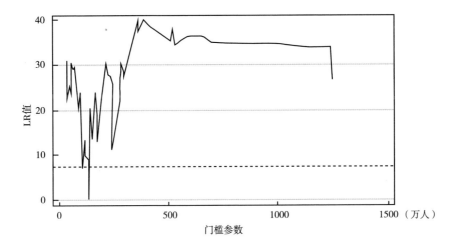

图 6.1 城市规模的第一个门槛估计值

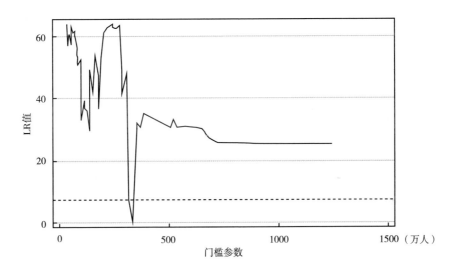

图 6.2 城市规模的第二个门槛估计值

在两个门槛值估计出来以后,可以对双门槛模型进行参数估计。从表 6.4 显示的参数估计结果中不难发现,城市规模与人力资本外部性之间存在着显著的非线性关系。随着城市规模的扩大,人力资本的外部性表现出了明显的递增趋势。当城市规模小于第一个门槛值 134 万人时,城市人力资本的回归系数为负值,但不能通过 10% 的显著性检验。在城市规模大于第一个门槛值 134 万人但小于第二个门槛值 333 万人的条件下,城市人力资本的回归系数显著为正，已经可以观测到明显的人力资本外部性。而当城市规模跨越第二个门槛值333万人之后，城市人力资本的外部性进一步增强，城市人力资本的回归系数增加至0.216，且产生显著人力资本外部性的城市规模临界值（第一个门槛值134万人）与线性模型通过城市规模与城市人力资本交互项所计算的临界值比较接近，这也从另一个角度印证了估计结论的可靠性。

表6.4 　　　　　　　　　　　门槛回归模型的参数估计结果

变量	系数	T统计量
城市人力资本（$Pop < 134$）	−0.064	−1.35
城市人力资本（$134 \leqslant Pop < 333$）	0.131***	4.17
城市人力资本（$333 \leqslant Pop$）	0.216***	7.81
性别	−0.268***	−18.36
婚姻状况	0.241***	9.60
健康状况	0.093***	9.43
个人教育	0.062***	24.30
工作经验	0.007***	8.41
工作经验平方	−0.000***	−8.45
工作岗位	0.059***	3.50
劳动合同性质	0.200***	11.22
城市物质资本	−0.026	−1.36
城市外商直接投资	−2.254***	−4.61
城市交通	−0.001	−0.66
城市医疗	0.003	1.05
城市环境	−0.001**	−2.37
城市纬度	−0.015***	−7.68
城市经度	0.014***	8.13
F值	186.34	
R^2	0.251	
观察值	9611	

注：①***、**分别表示1%、5%的显著性水平；②由于Stata的报告结果只保留了三位有效数字，所以这里各回归系数的估计结果均只保留小数点后三位有效数字。

6.4　分产业的门槛模型回归结果

虽然，全样本的实证结果支持城市规模越大人力资本外部性越强的传统城市经济学逻辑，但是如果考虑到产业的异质性，上述逻辑是否依然成立呢？城市是第二产业与第三产业两大产业集聚的载体，但随着城市规模的扩大，第三产业即服务业在城市经济总所占的比重将不断地提高（Henderson，1997；Glaeser & Kolko，2001）。来自中国的数据也支持这种先验性的经验总结，图6.3是根据2014年出版的《中国城市统计年鉴》数据绘制的2013年中国各地级以上城市的城市规模与第三产业增加值占市辖区 GDP 比重的散点图，纵轴代表市辖区第三产业增加值占 GDP 的比重，横轴代表城市规模，从图6.3可以看到，城市规模与第三产业占比间存在着显著的正相关性，零假设的弃真概率小于0.001。

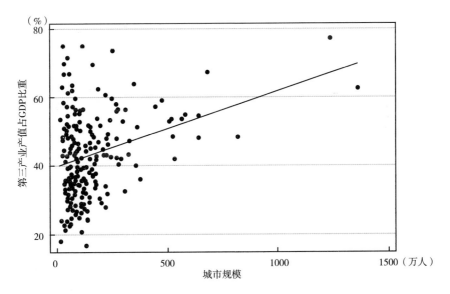

图6.3　城市规模与第三产业产值占比

资料来源：根据2014年《中国城市统计年鉴》数据绘制。

一般认为，之所以会出现这种规律性的趋势，其背后一个非常重要的动因在于，第二产业与第三产业从城市规模扩大中所获得集聚效益的相对差异。因为，主要从事标准化生产的第二产业从城市集聚经济中的获益较少，却要支付高劳动力成本与高地租，由此形成的"倒逼"机制将迫使大多数第二产业向中小城市转移（柯善咨、赵曜，2014）。而与第二产业相比，由于第三产业所提供的产品是没有物质载体的服务，它所需要的外部性知识是很难进行系统编码并传播的①。因此，第三产业技术溢出效应的形成将更多地依靠从业者之间面对面的交流和互动，而大城市中高密度的人群正是这种服务业发展所需的集聚地。此外，第三产业的生产与消费更可能是同步发生的，不容易进行跨区贸易，这就使劳动者间交流的频率与质量更加严格地受到城市规模所划定的地理范围的约束（江小娟，2011；梁文泉、陆铭，2016）。因此，作为城市集聚经济的一个重要来源，当第二、第三产业的人力资本外部性面临着异质性的条件约束，特别是随着城市规模的变化而存在潜在差异的情况下，分别对第二产业与第三产业的人力资本外部性进行考察就显得很有必要。这有将助于我们理解城市产业结构演进背后的推动性力量。虽然在已有文献中，刘志强（2014）通过1995~1999年的中国工业企业数据库考察了第二产业的人力资本外部性情况，梁文泉、陆铭（2016）利用2008年经济普查服务业企业的微观数据考察了第三产业的人力资本外部性随城市规模的变化情况，但是，由于两个研究在样本期选择、数据库选择以及模型设定上的巨大差异，他们的研究结果并不具有可比性。为此，本节我们将在一个相对统一的实证框架下分别考察第二产业与第三产业的人力资本外部性随市规模变化而表现出的演化趋势②。

6.4.1 第二产业的门槛模型估计结果

首先通过将第二产业的劳动者微观数据剥离出来，并利用门槛回归模型

---

① 当信息被编码后，就可以进行形式化，并以专利或书面文字等形式存在，能够通过间接的方式在比较大的范围内进行传播。

② 由于农业在城市经济中占的比重非常小，同时理论上集聚经济对农业的影响也较弱，因此本书不把第一产业作为考察对象。

来观察第二产业的人力资本外部性随城市规模的变化情况。根据一位数的国民经济行业分类，第二产业包括的具体行业为：采矿业，制造业，电力、燃气及水的生产与供应业，建筑业。表6.5显示了以城市规模为门槛变量的门槛效应检验结果，可以看到，单门槛效应在1%的显著性水平上通过了检验，而双门槛效应没有通过显著性检验。虽然三门槛效应通过了5%的显著性检验，但由于双门槛检验与三门槛检验间是一种递进的检验，既然低门限检验不显著，也就不能认为存在更高阶的门槛效应。因此，第二产业的门槛模型只存在一个门槛值，其估计值为525万人，其95%的置信区间为［513.000，531.000］。同时，如图6.4所示，单门槛效应门槛值的似然比值LR均小于95%置信水平上的临界值7.35，处于原假设的接受域内，这表明门槛值是真实有效的。

表6.5　　　　　　　　　　第二产业的门槛效应检验

模型	F 值	P 值	临界值		
			1%	5%	10%
单一门槛	19.292 ***	0.000	7.238	4.100	2.868
二重门槛	-7.806	0.853	7.321	3.513	1.776
三重门槛	4.944 **	0.032	6.395	4.368	2.795

注：①P值与临界值为均采用自助举法反复抽样1000次得到的结果；② *** 、 ** 分别表示1%、5%的显著性水平。

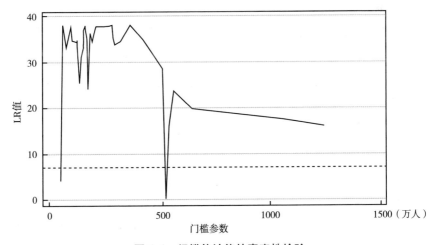

图6.4　门槛估计值的真实性检验

单门槛模型的参数估计结果显示（见表 6.6），随着城市规模的扩大，第二产业从人力资本外部性中的获益也存在着非线性的变化趋势。但是与全样本的回归结果呈现出显著区别的是，第二产业内的城市人力资本外部性并没有随着城市规模的扩大而表现出逐步增强的特点，与之相反，随着城市规模的扩大，城市人力资本外部性对第二产业的影响却趋于减弱。在城市规模低于门槛值 525 万人的情况下，城市人力资本的回归系数为 0.256，且在统计上显著。而当城市规模跨越唯一的门槛值之后，城市人力资本的回归系数则变为 0.153。虽然仍然可以观测到显著的人力资本外部性，但是其强度已明显降低。这一实证结果，与大城市中第二产业占比的逐步下降在逻辑上是一致的。

表 6.6　　　　　第二产业门槛回归模型的参数估计结果

变量	系数	T 统计量
城市人力资本（$Pop < 525$）	0.256 ***	4.92
城市人力资本（$525 \leq Pop$）	0.153 ***	2.70
性别	−0.270 ***	−9.18
婚姻状况	0.289 ***	6.03
健康状况	0.101 ***	5.37
个人教育	0.055 ***	11.35
工作经验	0.006 ***	4.12
工作经验平方	−0.000 ***	−4.26
工作岗位	0.028	0.97
劳动合同性质	0.091 ***	2.86
城市物质资本	−0.064 *	−1.76
城市外商直接投资	−1.948 **	−2.23
城市交通	0.009 ***	2.91
城市医疗	0.026	0.75
城市环境	−0.003 **	−2.22
城市纬度	−0.012 ***	−3.38
城市经度	0.016 ***	4.95
F 值	33.03	
R^2	0.181	
观察值	2411	

注：①*** 、** 、* 分别表示1%、5%、10%的显著性水平；②由于 Stata 的报告结果只保留了三位有效数字，所以这里各回归系数的估计结果均只保留小数点后三位有效数字。

第二产业的城市人力资本外部性之所以会随着城市规模的增大而逐渐减小，与第二产业所依赖的人力资本外部性的微观机制是有直接关系的。来自中国的经验性研究表明，中国的第二产业尤其是制造业的发展主要得益于MAR外部性所形成的技术溢出，受 Jacobs 外部性的影响较小（傅十和、洪俊杰，2008；陈良文，2006）。即中国城市部门的第二产业主要是从专业化集聚所产生的外部效应中获益的。有学者在比较中国不同规模城市的产业发展差异时也发现，中国的中小城市在采矿业，制造业，电力、燃气及水的生产与供应业，建筑业这四个第二产业细分行业中都表现出了典型的专业化特征（何建武，2015）。但 MAR 外部性一个非常显著的特点是，它会随着空间距离的增加而迅速衰减（Fu，2007）。这也就意味着专业化的知识或技术溢出对城市的通勤状态是高度敏感的，而城市规模的扩大不仅意味着专业从业者之间空间距离的增大，城市规模的扩张往往还伴随着拥挤效应的增加和交通条件的恶化，这就使得第二产业主要依赖的 MAR 外部性的形成不可避免地受到抑制。在下一节城市规模与人力资本外部性微观机制的考察中，我们也确实发现了随着城市规模的扩大，城市人力资本 MAR 外部性的强度是逐步减弱的。这也进一步证明了本书上述分析的逻辑链条是完整的。

6.4.2 第三产业的门槛模型估计结果

为了进一步考察第三产业的人力资本外部性随城市规模的变化情况，本书将继续通过使用第三产业从业人员的微观数据来对其进行分析。根据一位数的国民经济行业分类，这里第三产业共包括 15 个细分行业：批发和零售业；交通运输、仓储和邮政业；住宿和餐饮业；信息传输、软件和信息技术服务业；金融业；房地产业；租赁和商务服务业；科学研究和技术服务业；水利、环境和公共设施管理业；居民服务、修理和其他服务业；教育；卫生和社会工作；文化、体育和娱乐业；公共管理、社会保障和社会组织；国际组织。通过将以上 15 个行业从业者的样本提取出来，形成分析第三产业的样本集。

表 6.7 显示了门槛效应的检验结果，可以看到，无论是单门槛效应、双门槛效应还是三门槛效应均至少在 10% 的水平上通过了显著性检验。表 6.8

显示了以城市规模（*Pop*）为门槛变量的门槛值估计结果及其95%的置信区间。城市规模的门槛值 η_1、门槛值 η_2、门槛值 η_3 的估计值分别为134万人、285万人、227万人。但是三门槛效应的第三个门槛值却小于第二个门槛值，这意味为需要剔除第三个门槛值，而接受双门槛效应的估计结果。同时，如图6.5所示，双门槛效应两个门槛值的似然比值LR均小于95%置信水平上的临界值7.35，处于原假设的接受域内，这表明门槛值是真实有效的。

表6.7 第三产业的门槛效应检验

模型	F 值	P 值	临界值		
			1%	5%	10%
单一门槛	89.674***	0.000	6.775	3.807	2.717
二重门槛	2.323*	0.081	7.248	3.445	1.563
三重门槛	12.339***	0.000	6.403	3.913	2.744

注：①P值与临界值为均采用自助举法反复抽样1000次得到的结果；② ***、* 分别表示1%、10%的显著性水平。

表6.8 第三产业门槛值估计结果及置信区间

门槛值	估计值	95%置信区间
门槛值1	134.000	[104.000, 136.000]
门槛值2	285.000	[285.000, 301.000]
门槛值3	227.000	[227.000, 231.000]

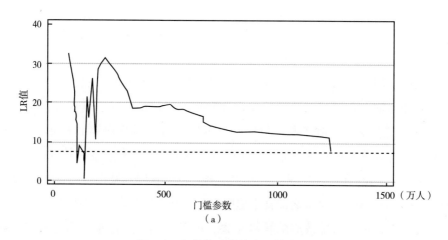

（a）

图6.5 门槛估计值的真实性检验

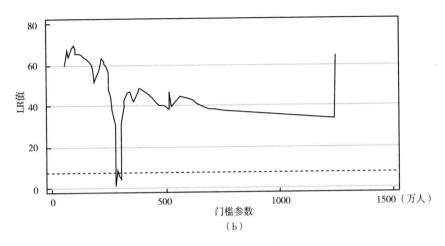

（b）

图6.5　门槛估计值的真实性检验（续）

在两个门槛值估计出来以后，本书对双门槛模型进行了参数估计。从表6.9中的参数估计结果不难发现，随着城市规模的扩大，第三产业的城市人力资本外部性表现出了明显的递增趋势。这一趋势与全样本的分析结果是一致的。当城市人口小于第一个门槛值134万人时，城市人力资本的回归系数为0.114，且在1%的水平上显著。当城市规模大于第一个门槛值134万人但小于第二个门槛值285万人时，城市人力资本在这个门槛区间内的回归系数增加至0.202，同样在1%的水平上显著。而当城市规模跨越第二个门槛值285万人之后，城市人力资本的外部性进一步增强。

表6.9　　　　　　　　第三产业门槛回归模型的参数估计结果

变量	系数	T 统计量
城市人力资本（$Pop < 134$）	0.114 ***	3.09
城市人力资本（$134 \leq Pop < 285$）	0.202 ***	6.29
城市人力资本（$285 \leq Pop$）	0.254 ***	7.78
性别	− 0.239 ***	− 14.30
婚姻状况	0.191 ***	6.69
健康状况	0.090 ***	7.86
个人教育	0.058 ***	19.33
工作经验	0.013 ***	12.22
工作经验平方	− 0.000 ***	− 4.26

变量	系数	T统计量
工作岗位	0.058 ***	2.99
劳动合同性质	0.166 ***	7.80
城市物质资本	- 0.054 **	- 2.41
城市外商直接投资	- 2.717 ***	- 4.62
城市交通	0.005 ***	3.14
城市医疗	0.056	0.91
城市环境	- 0.001	- 0.92
城市纬度	- 0.015 ***	- 6.53
城市经度	0.010 ***	5.26
F 值	166.7	
R^2	0.279	
观察值	6927	

注：① *** 、** 分别表示 1%、5% 的显著性水平；②由于 Stata 的报告结果只保留了三位有效数字，所以这里各回归系数的估计结果均只保留小数点后三位有效数字。

　　通过对第二产业与第三产业门槛回归模型分析结果的对比，我们可以得到一个重要的理论判断，城市人力资本外部性随着城市规模的扩大而增强，主要是通过第三产业人力资本外部性的增强来推动的。而第二产业的人力资本外部性不仅没有随着城市规模的扩大而增强，反而逐渐减弱。这一结论也从集聚经济的角度回答了为什么城市规模越大，服务业占比越大的经验性规律。第三产业更容易从人力资本集聚的外部性中获益，因此，大城市发展第三产业在效率上比小城市具有更加突出的比较优势，在这种比较优势的推动下第三产业将倾向于在大城市谋求更多的发展。同时，城市人力资本外部性所带来的生产效率的提高，也会在一定程度上溢出为土地价格或租金价格的上涨①。而与第三产业相比，第二产业的各个行业对土地要素的需求量无疑要大得多，因此，这种由人力资本外部性所引发的土地价格溢出也会对第二产业形成有力的"成本倒逼"机制而促使它们向小城市转移。

----

① 城市人力资本外部性对土地价格或租金影响的理论分析可以参考第 2 章的第 2.4 节。需要指出的是，最近的经验性研究也证明了中国城市人力资本的外部效应形成了显著的房价溢出（陈斌开，2016）。根据的测算，城市人口中的大学生比例每增加 1%，中国城市房价将平均上涨 4.6% ~ 7.9%。

6.5 城市规模对人力资本外部性微观机制的影响

为了分析城市规模对人力资本外部效应三种微观机制（MAR 外部性、Jacbos 外部性、"劳动力池"效应）的影响。本书将分别把城市人力资本专业化指数（$Spec$）、人力资本多样化指数（HHI）以及就业密度（$Dens$）作为核心解释变量[①]引入门槛回归模型，并构造了基于城市规模的三门槛回归模型：

$$
\begin{aligned}
\ln w_{ij} = c &+ \theta_1 Spec_j I(Pop_j \leqslant \eta_1) + \theta_2 Spec_j I(\eta_1 \leqslant Pop_j < \eta_2) \\
&+ \theta_3 Spec_j I(\eta_2 \leqslant Pop_j < \eta_3) + \theta_4 Spec_j I(\eta_3 \leqslant Pop_j) \\
&+ \alpha' X_{ij} + \beta' City_j + \varepsilon_{ij}
\end{aligned} \tag{6.7}
$$

$$
\begin{aligned}
\ln w_{ij} = c &+ \lambda_1 HHI_j I(Pop_j \leqslant \eta_1) + \lambda_2 HHI_j I(\eta_1 \leqslant Pop_j < \eta_2) \\
&+ \lambda_3 HHI_j I(\eta_2 \leqslant Pop_j < \eta_3) + \lambda_4 HHI_j I(\eta_3 \leqslant Pop_j) \\
&+ \alpha' X_{ij} + \beta' City_j + \varepsilon_{ij}
\end{aligned} \tag{6.8}
$$

$$
\begin{aligned}
\ln w_{ij} = c &+ \pi_1 Dens_j I(Pop_j \leqslant \eta_1) + \pi_2 Dens_j I(\eta_1 \leqslant Pop_j < \eta_2) \\
&+ \pi_3 Dens_j I(\eta_2 \leqslant Pop_j < \eta_3) + \pi_4 Dens_j I(\eta_3 \leqslant Pop_j) \\
&+ \alpha' X_{ij} + \beta' City_j + \varepsilon_{ij}
\end{aligned} \tag{6.9}
$$

其中，$Spec_j$、HHI_j、$Dens_j$ 为模型中的核心解释变量，分别用来估计城市人力资本的 MAR 外部性、Jacobs 外部性与"劳动力池"效应。个人特质控制变量 X_{ij}，城市特征控制变量 $City_j$ 与前文的实证模型相同。

通过门槛效应检验（见表 6.10），同时结合各模型门槛值的估计结果及置信区间（见表 6.11）可以得到，对于变量 $Spec_j$ 来说存在着基于城市规模的单门槛效应，对于变量 HHI_j 来说存在着基于城市规模的双门槛效应，而对于变量 $Dens_j$ 来说则存在着基于城市规模的三门槛效应。此外，针对各个门槛值的真实性检验也表明，各个门槛估计值均是真实有效的[②]。

[①] $Spec_j$、HHI_j、$Dens_j$ 的测算方法详见本书第 4 章的第 4.5 节。

[②] 由于涉及的门槛估计值较多，这里就不再一一列示各门槛值真实性的检验结果。

表 6.10 人力资本外部性微观机制的门槛效应检验

核心变量	模型	F 值	P 值	临界值		
				1%	5%	10%
Spec	单一门槛	165.968***	0.000	6.465	3.869	2.540
	二重门槛	-0.403	0.319	6.690	3.898	2.460
	三重门槛	27.229***	0.000	6.339	3.367	2.619
HHI	单一门槛	63.251***	0.000	6.723	4.035	2.746
	二重门槛	5.236**	0.033	7.011	3.520	1.673
	三重门槛	1.850	0.174	6.853	4.051	2.631
Dens	单一门槛	58.979***	0.000	6.832	4.144	2.800
	二重门槛	30.881***	0.000	6.625	3.651	2.737
	三重门槛	28.093***	0.000	6.072	3.781	2.555

注：①P 值与临界值为均采用自助举法反复抽样 1000 次得到的结果；② ***、** 分别表示 1%、5% 的显著性水平。

表 6.11 门槛值估计结果及其置信区间

核心变量	门槛值	门槛估计值	95% 置信区间
Spec	门槛值 1	525.000	[513.000, 565.000]
	门槛值 2	—	—
	门槛值 3	—	—
HHI	门槛值 1	125.000	[110.000, 136.000]
	门槛值 2	241.000	[227.000, 247.000]
	门槛值 3	—	—
Dens	门槛值 1	136.000	[134.000, 136.000]
	门槛值 2	285.000	[253.000, 311.000]
	门槛值 3	366.000	[333.000, 366.000]

各模型的参数估计结果显示（见表 6.12），三种微观机制随着城市规模的扩大均表现出了各自不同的门槛效应特征。并且只有 Jacbos 外部性随着城市规模的扩大而表现出逐步增强的趋势，MAR 外部性随着城市规模的扩大而递减，而"劳动力池"效应则随着城市规模的扩大表现出类似于倒 U 形的变化趋势。具体的分析结果如下：

表 6.12　　　　　人力资本外部性微观机制的门槛模型的估计结果

变量	系数	T 统计量
MAR 外部性	城市规模门限值（万人）：（525）	
Spec（Pop < 525）	0.214 ***	13.47
Spec（525 ≤ Pop）	− 0.011	− 0.91

个体样本容量：9611　城市样本容量：122　R^2：0.254

Jacbos 外部性	城市规模门限值（万人）：（125，241）	
HHI（Pop < 125）	− 0.048 ***	5.43
HHI（125 ≤ Pop < 241）	− 0.018 **	− 2.13
HHI（241 ≤ Pop）	0.093 ***	3.71

个体样本容量：9611　城市样本容量：122　R^2：0.233

"劳动力池"效应	城市规模门限值（万人）：（136，285，366）	
Dens（Pop < 136）	0.111 ***	3.15
Dens（136 ≤ Pop < 285）	− 0.103 ***	− 3.28
Dens（285 < Pop ≤ 366）	0.628 ***	9.05
Dens（366 < Pop）	0.200 ***	4.34

个体样本容量：9611　城市样本容量：122　R^2：0.248

注：①*** 、** 分别表示1%、5%的显著性水平；②这里省略了控制变量的估计结果。

　　人力资本的 MAR 外部性随着城市规模的扩大而递减。在人口规模小于525 万人的城市当中，我们观察到了较强的 MAR 外部性，人力资本专业化程度对劳动工资的回归系数为 0.214；且在 1% 的水平上显著，而在 525 万人口以上的城市中该系数迅速衰减至 − 0.011。这表明，人力资本集聚的 MAR 外部性存在着显著的"地方性"特点。当城市规模较小时，从事相似行业的人力资本集聚有利于劳动者之间知识共享、信息交换与技术扩散，由此形成的人力资本 MAR 外部性对劳动生产率的影响较为显著。随着城市规模的扩大，专业化集聚的外部效应开始减弱。

　　人力资本 Jacobs 外部性的形成需要比较高的城市规模门槛，在达到必要的城市规模门槛之前，劳动力市场的多元化反而不利于生产效率的改进。我们发现，在人口规模小于 241 万人的城市中，劳动力市场的多样化均会抑制劳动工资的提高，且城市规模越小这种抑制效应越强。而在 241 万人以上的大城市中，劳动力市场的多样化显著促进了劳动工资的增加。对于这一结果可以从两方面进行解释。一方面，大城市更有能力提供整合多样化知识与技术而实现"集成创新"的中间投入品（傅十和、洪俊杰，2008）。多元化知识的消化与吸收并不是自发可以实现的，考虑到知识流通管道与技术吸收能力的建设，人力资本 Jacobs 外部性的形成实际上是一个昂贵而复杂的过程。与小城市相比，大城市具有较强的资源动员能力，更有能力保障相关中间品的投入，例如，北京、深圳、重庆等大城市都建立了区域内的科技资源共享平台，而类似的基础设施建设，对 Jacobs 外部性的形成是至关重要的。另一方面，在中小城市，劳动力市场的多样性经常可以归咎于主导产业发育不足而形成的产业"空心化"。由于小于某一最低规模门槛的城市很难吸引到大规模的专业化生产部门（柯善咨等，2014），这就造成不同技术的就业者在劳动力市场上的分布是相对平均的，而这与大城市各类型产业充分发展基础上形成的多样性劳动力市场存在着本质性的不同，这种由产业"空心化"所衍出的劳动力市场在统计数据上的"多元化"，并不能带来显著的知识外溢，其经济效率往往也是低效的。

"劳动力池"效应随着城市规模的扩大表现出类似于倒 U 形的变化趋势。在人口低于 136 万的城市中，非农就业密度对工资的影响系数为 0.111，虽然在 136 万～285 万人口的城市中，就业密度对工资的影响系数下降至 -0.103。但在 285 万～366 万人口的城市中又迅速提高至 0.628，然后在 366 万人口以上的城市中又回落至 0.200。总的来说，"劳动力池"效应并没有随着城市规模的扩大而严格地增强。值得指出的是，形成这种类似于倒 U 形变化趋势的原因在于，非农就业密度在反映"劳动力池"效应的同时，也反映了城市"拥挤效应"这一负的外部性。"劳动力池"效应与拥挤效应可以说是"同一硬币的正反两面"，事实上，我们观测到的就业密度对劳动工资的影响正是这两种外部效应相互叠加的结果。一方面，城市规模的扩大有助于在信息不对称的情况下解决人力资本与企业之间以及异质性人力资本之间的匹配性问题。另一方面，随着城市规模的扩大，人口地理集聚的"拥挤效应"也在迅速地积累。交通拥堵的日益严重与通勤成本的增加使得技术与知识的传播受到城市地理空间的严格限制。特别是依赖于劳动者之间面对面交流和沟通的缄默知识则更是被严格地封闭在一个"有效城市规模"之内。因此,理论上应该存在着一个城市规模的临界值,在达到这个临界值之前占主导地位的"劳动力池"效应将促进劳动工资的提高,但当城市规模越过这一临界值以后拥挤效应将抵消掉"劳动力池"效应所产生的正的外部性。

6.6 本 章 小 结

在推进以人为核心的新型城市化过程中,城市化道路的选择是一个至关重要的问题。那么城市规模会对人力资本的外部性产生怎样的影响呢?是否真的像传统城市经济学理论预期的那样,城市规模越大,人力资本外部性就越强?为了回答以上问题,本章以集聚经济的理论框架为基础,在非线性条件下探讨不同城市规模背景下人力资本外部效应的变化趋势。研究发现:

第一,全样本的门槛回归模型显示,随着城市规模的扩大,城市人力资本外部性确实表现出了逐步增强的趋势。

第二,从产业异质性的角度来看,以上趋势主要是通过第三产业人力资本外部性的增强来推动的,第二产业的人力资本外部性不仅没有随着城市规模的扩大而增强,反而逐渐减小。

第三,从人力资本外部性的微观机制来看,城市规模与多数微观机制间也没有像传统城市经济学理论预期的那样表现出城市规模越大外部性越强的简单趋势。事实上,只有人力资本的 Jacbos 外部性随着城市规模的扩大表现出边际递增的特点,但人力资本 Jacobs 外部性的形成需要比较高的城市规模门槛,在达到必要的城市规模门槛之前,劳动力市场的多元化反而不利于劳动效率的改进。人力资本的 MAR 外部性会随着城市规模的扩大而递减。而"劳动力池"外部效应随着城市规模的扩大总体上表现出类似于倒 U 形的变化趋势。

7 市场化与人力资本外部性

卢卡斯（1988）将人力资本的外部效应作为经济增长的主要引擎纳入内生经济增长模型，以刻画规模收益递增条件下的经济增长，这就产生了著名的卢卡斯经济增长模型。应该承认，卢卡斯的经济增长模型对于大多数发达国家的经济增长轨迹是有解释能力的。但是，如果我们把这一理论模型应用到广大发展中国家或新兴市场国家，其有效性则将遭遇严重的挑战。一个最为典型的例子就是大多数东欧国家和原苏联加盟共和国，虽然有着与西方发达国家大致相同的人力资本水平（以劳动力平均受教育年限为评价标准）①，但是二战以后其经济增长速度及经济效率（特别是 20 世纪 60 年代以来）却都远逊色于西方的发达国家。这些国家的发展经验在一定程度上背离了卢卡斯经济增长模型的理论预期。

无独有偶，改革开放以来中国的经济发展经验在某种程度上也面对着类似的困惑。虽然，一系列实证研究结果表明，人力资本对中国的全要素生产率、个人劳动生产率产生了显著的正向外部效应（Liu，2007；Glaeser & Lu，2014；刘生龙，2014；梁文泉、陆铭，2016；许岩等，2017）。但是，仍然有相当一部分实证研究的结果（特别是早期文献）并不支持存在显著的人力资本外部效应。如颜鹏飞（2004）利用 1978～2001 年中国省级面板数据的实证研究发现，人力资本对全要素生产率提高具有副作用。刘志强（2007）利用

---

① 1980~2010 年，美国、德国、英国、日本的劳动力平均受教育年限分别为：12.51、9.48、9.84、10.41，而同一时间段俄罗斯、波兰、匈牙利、罗马尼亚、保加利亚的劳动力平均受教育年限为：9.88、9.72、10.27、9.58、9.23。以上数据均根据巴罗（Barro，2012）公布的各国劳动力平均受教育年限计算所得，数据来源于 http：//rbarro.com/。

1988 年 CHIPS 数据得到的人力资本外部性回报在大部分估计模型中也并不显著①。上述经验性的研究结果与本书第 4 章的研究结论是吻合的，即中国城市人力资本外部性的强度，在时间维度上表现出逐步增强的趋势。很显然，这些普遍存在的甚至带有某种规律性的经验研究差异，不能简单地归咎于测量误差或某些随机性的影响因素，而需要得到更加深刻和具有一般性的解释。

诺思和托马斯（North & Thomas，1973）以及阿西莫格鲁等（Acemoglu et al.，2014）有关制度、人力资本与经济增长的思想为解开以上困惑提供了一条非常有益的线索。诺思和托马斯（1973）通过对西欧近代民族国家兴起过程的探讨，引导人们从现代社会制度漫长的孕育过程中去寻找经济增长的根本原因，但遗憾的是他们的讨论并没有深入制度与人力资本这一更为具体的问题。阿西莫格鲁等（2014）则在诺思和托马斯的基础上通过一个更为宽阔的历史视角，以一种线性递进的关系向我们展示和讨论了制度、人力资本与经济增长间可能存在的关系形式，即制度是基础，好的制度促进了人力资本的积累以及生产率的提高，从而推动了国家的经济发展。那么按照这一逻辑，并结合我们在中国人力资本问题上所遇到的困惑，就可以针对制度与人力资本提出两个问题：其一，作为一项最为基础也最为重要的制度安排，市场机制是否显著影响着中国人力资本外部效应的形成？其二，市场化进程的差异是否有助于解释中国不同时间上以及不同地区间人力资本外部效应的巨大差异？对于这两个问题的讨论和探索，将可以进一步完善内生经济增长模型的理论基础，并帮助其以更加接近真实的视角来刻画现实的经济世界。而寻找和克服制约人力资本外部效应的制度因素，对于"人口红利"面临消失、物质资本投资边际报酬递减、经济发展将不可避免地更多依靠人力资本和技术进步的中国经济来说，则具有更加重要的现实意义。因此，我们将围绕这两个问题展开本章的分析和讨论，并给出我们的经验性证据。

---

① 刘志强（2007）利用1995年CHIPS数据估计得到的城市人力资本外部性回报率在3.52%～4.38%之间。而利用1988年CHIPS数据得到的人力资本外部性回报率则在0.28%～1.99%之间，且估计结果在大部分估计模型中并不显著。

7.1 市场化改革如何影响人力资本外部性

以卢卡斯为代表的基于人力资本外部性的内生经济增长理论是对二战后西方发达国家高速经济增长经验的理论总结，但卢卡斯模型中对人力资本外部性的假设无疑是十分粗简的，他利用社会平均人力资本水平作为人力资本外部性的表征指标，其暗含的一个重要的经济意义是，随着社会人力资本平均水平的提高，人力资本的外部效应将自动地得以形成和实现。如果说这一理论假设在市场经济体制相对健全的西方发达国家还讲得通的话，那么在发展中国家特别是新兴市场国家这一假设则显然是欠妥的。事实上，人力资本外部性的形成不可能是天然完成的，而必须依赖于制度环境的建设，特别是市场体制的发展和完善。我们将从理论层面出发，结合中国改革开放与经济转型的实践，寻找和发现人力资本外部效应的形成需要建构于市场化进程之上的理论证据。

7.1.1 人力资本产权与人力资本外部性

一个明晰、完整的人力资本产权束（包括产权权能、产权权益与产权权责），为人力资本载体（劳动者）以人力资本价值增值为目的的学习与互动提供了稳定的制度基础。而产权的界定与市场化，可以说是同一枚硬币的正反两面。一方面，明晰与完整的产权是市场交易的前提；另一方面，完整的产权必须通过可交易的市场来实现。由于人力资本与其载体之间存在着不可分割的刚性，人力资本的产权应归属于个人，这也是市场化条件下人力资本产权的自然归属。但是在市场发育受到限制的情况下，人力资本载体对人力资本的产权往往被异化、限制甚至是删除。特别是在计划经济体制中，无论是公有制意识形态的逻辑还是资本投资的逻辑[1]，人力资本产权"理所当然"

---

① 在传统的计划经济体制下，与生产资料公有制相联系，对人力资本投资也进行了公有制的制度安排，即国家是人力资本的唯一投资者，并垄断了人力资本生产投资权，囊括了从小学、中学到大学教育的人力资本的生产和投资。

地归国家所有，产权的交易市场也被法律所禁止，人力资本载体成为所谓的
"公家人"。这正如周其仁（2000）所指出的那样，传统的公有制在法权上否
认个人拥有人力资本所有权。这种背离人力资本产权性质的制度安排造成了
两个非常严重的后果：一是人力资本产权权能的缺失，导致人力资本载体无
权选择适合自己的行业、岗位；二是人力资本的产权权益被国家所垄断，劳
动者的收益始终被压在勉强能够维持生存的最低水平。这些都诱导着人力资
本载体采取偷懒、"搭便车"等机会主义行为，"关闭"或者"部分关闭"人
力资本。当机会主义倾向成为劳动者普遍的选择时，人力资本的价值自我增
强机制就会失灵，外部效应就得不到有效的释放。熊会兵、邓新明（2007）
利用中国 1994～2006 年 280 家样本上市公司数据的实证研究表明，产权界定
充分的人力资本促进了经济增长，但产权残缺的人力资本反而具有显著的负
外部性。人力资本这种"产权残缺自动贬值"的特性，本质上是在产权缺失
状态下"租值耗散"的一种特定表现形式。由此可见，人力资本外部性的形
成必须建立在人力资本产权被清晰界定，同时能够被自由交易的市场体制之
上。而改革开放以来，家庭联产承包责任制、非国有经济的发展以及贯穿于
整个改革历程的国有企业改革；它们的一个共同特征是重新确认了劳动者对
人力资本产权的所有权。特别是在 20 世纪 90 年代，国家和国有企业通过一
次性买断的形式消除了"国有企业职工"的身份，全部用工实现了劳动合同
制，让职工直接以雇用劳动的身份进入劳动力市场或社会保障体系，这逐步
使人力资本重新回归了其个人私产的天然属性。

7.1.2　劳动力流动与人力资本外部效应

完整的人力资本产权是人力资本外部效应形成的制度基础，但完整产权
的实现依赖于人力资本载体的可自由流动（崔建华，2007）。同时，劳动者的
自由流动可以提高劳动者之间及劳动者与岗位之间互动的频率与质量，这能
够促进人力资本外部效应的形成。霍伊尔曼（Heuermann，2011）关于德国数
据的研究显示，合格工人的比重每提高一个标准差，工人的工资将提高 3%，
但是这种工资溢价只会在工人在行业间更换工作时发生。而孔布和迪朗东

（Combes & Duranton，2001）以及福斯弗瑞和朗德（Fosfuri & Rande，2002）的研究也表明，只有当工人在不同的企业间流动时才会出现知识的传播和扩散。但劳动力的可自由流动也受制于市场化进程。从计划经济到市场经济的建立和完善，其实质是逐步放松对微观的控制与干预，并释放微观自由与活力的过程。劳动力作为一项重要的生产要素，在市场机制发育不健全的情况下，往往存在着限制劳动力自由流动的制度性障碍。在计划经济体制下，严格的户籍限制以及与户籍相挂钩的配给制"粮食关系"等制度设计，几乎完全扼杀了城乡间及城市间劳动力大规模自由流动的可能性。而随着渐进性市场化改革的推进，户籍制度开始逐步松动，粮食配给制则于1993年彻底退出了历史舞台，这才使得相对自由的劳动力流动成为可能（陆铭，2011）。紧接着，从20世纪90年代起，各地区逐步从制度上打破了城乡有别、地区有别的歧视性用工制度①，与此同时，社会保障体制的初步建立等配套的市场化改革进一步降低了劳动力流动的潜在成本，扩大了流动的规模。正是这些市场化导向的改革措施逐步把大量乡村农民和城市职工从各种锚定的社会关系中解放出来而成为可自由流动的劳动力。表7.1显示了中国启动市场化改革以来根据历次人口普查（或百分之一人口抽样调查）数据所推算的全国流动人口数据。

表7.1　　　　　改革开放以来中国的流动人口规模　　　　　单位：万人

年份	1982	1987	1990	1995	2000	2005	2010
流动人口规模	675	1810	2135	7073	10223	14735	22143

资料来源：段成荣，等. 改革开放以来我国流动人口变动的九大趋势 [J]. 人口研究，2008（6）；段成荣，等. 当前我国流动人口面临的主要问题和对策 [J]. 人口学刊，2013（3）。

① 改革开放以来歧视性用工制度的发展脉络大致如下：改革伊始，为了缓解知青回城对城市就业产生的压力，城市政府曾经直接通过行政干预手段来直接限制国有企业招收外来劳动力。1981年12月，国务院发出《严格控制农村劳动力进城镇做工和农业人口转为非农业人口的通知》，该通知要点包括：第一，严格控制从农村招工；第二，认真清理企业、事业单位使用的农村劳动力；第三，加强户口和粮食管理。1989年以后为了控制农民工的盲目流动，城市政府则又一次收紧了用工制度的口子，主要手段是限制外来劳动力进入某些特定的行业；同时，向招收外来劳动力的企业征收额外的费用。1994年原劳动部公布了《农村劳动力跨省流动就业管理暂行办法》，该文件的主要内容是，若用人单位要招收外省劳动力，则必须经过劳动部门核实为当地无法招用到工人的工种和行业。该规定于2005年被废止。

虽然，目前国内的研究还没有劳动力流动能够增强人力资本外部效应的直接证据。但是，从一些间接证据上，我们可以观察到两者之间的联系。如，钟笑寒（2006）的一项研究结果显示，在控制了劳动力受教育程度的情况下，1995～2002 年中国劳动力流动规模与工资增长高度正相关，劳动力流动规模每增加 1%，工资的年均增长率就增加 0.74%～1.20%。除此之外，张永丽（2009）的一项微观调查也发现，农村劳动力流动对流动者自身的观念、见识、收入、技能等人力资本的主要观测指标都有显著的积极影响。这些迹象都表明，由市场化进程所推动的劳动力流动促进了人力资本外部性的形成。

7.1.3 劳动竞争与人力资本外部效应

人力资本产权是一项主动性资产，但人力资本载体是否乐意"调用"人力资本，是否乐意学习，直接取决于人力资本的定价机制。而一个能够最大程度调动起人力资本载体主观能动性的价格形成机制，必须通过充分的竞争来实现。事实上，理论界在竞争还是垄断更有利于知识外部性形成这一问题上，曾经有过激烈的争论。以马歇尔（1926）为代表的经济学家认为，垄断更有利于知识外部性的形成，因为这使得企业对知识增值的收益最大化。但是近代以来，以雅各布斯（1969）与波特（Porter，1990）为代表的经济学家对上述观点进行了反驳，他们认为，对知识外部性来说，竞争比垄断更有利，因为竞争为劳动者之间自发而有效的互动提供了稳定的激励机制。费尔德曼和奥德斯（1999）的实证研究则为这一观点提供了经验性的证据。需要指出的是，这里说的竞争并不是产业组织文献中描述的那种商品市场中的竞争，而是经济主体对新知识的竞争。

劳动者之间充分竞争的实现，同样离不开市场机制。根据福利经济学第一定理和第二定理①，市场经济本身的内涵就包括竞争的合理性存在，从某种意义上来说市场化进程就是通过各种制度安排来满足理论话语中"完全竞争"

---

① 福利经济学第一定理认为，完全竞争的均衡能使帕累托有效的资源配置得以实现。福利经济学第二定理认为，任何帕累托有效的资源配置都可以通过完全竞争来取得。

所需要的各种客观条件的过程。中国40年来的改革开放也基本体现了这一逻辑，市场化改革一直推动着社会竞争环境及个人竞争意识的形成与强化。家庭联产承包责任制、非国有经济的发展以及国有企业改革打破了计划经济条件下农业社队经济和工商企业所奉行的平均主义分配原则，使劳动者真正成为按照经济贡献而获取报酬的经济主体。同时，在市场化的导向下，无论是生产领域还是非生产领域都客观上形成了鼓励和促进竞争的制度设计。例如，在生产和服务性企业中被广泛采用的奖金制度、绩效工资制度，地方政府在经济分权基础上所形成的地区竞争及政治上的"晋升锦标赛"（周黎安，2007；张五常，2009；许成钢，2011）。在这些制度安排下，"时间就是金钱，效率就是生命"这种以经济指标为主要价值评价标准的社会竞争氛围得以逐渐形成，而"让一部分人先富起来""先富带动后富"这种极具诱导性的政治宣传和迅速拉大的社会贫富差距，则将这种氛围以一种十分具有感染力的形式传递给每一位置身其中的劳动者，并进一步将其内化为一种自觉的竞争意识。

在以上的分析过程中，我们通过对中国市场化进程的简要回顾勾勒出了市场化与人力资本外部效应之间的逻辑链条（见图7.1）。从这一意义上，我们可以认为人力资本外部效应的形成是需要建构在市场化进程之上的，同时，也必然会受到市场化进程的约束。在下面的章节中我们将就这一理论判断给出更多的经验性证据。

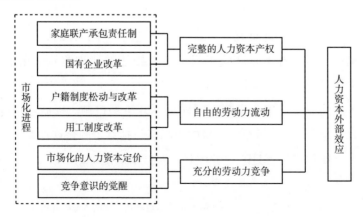

图7.1　市场化进程与人力资本外部效应

7.2 模型设定与市场化指数的计算

7.2.1 计量模型的设定

为了考察市场化对城市人力资本外部性的影响，本书通过在基准计量方程的基础上加入城市人力资本与城市市场化指数交互项的办法来对计量模型进行设定：

$$\ln w_{ij} = c + \theta_1 H_j + \theta_2 Market_j + \theta_3 H_j Market_j + \alpha' X_{ij} + \beta' City_j + \varepsilon_{ij} \qquad (7.1)$$

其中，$Market_j$ 为城市 j 的市场化指数，$H_j Market_j$ 为城市人力资本水平与市场化指数的交互项。如果市场化对城市人力资本外部性的形成有促进作用，那么理论上回归系数 θ_3 将显著为正。计量模型中被解释变量 $\ln w_{ij}$、城市人力资本水平变量 H_j、个人特质控制变量 X_{ij} 与城市特征控制变量 $City_j$ 都和本书第 4 章的基准模型相同，这里不再赘述。

此外，考虑到市场化水平较高的地区可能有着更大的城市规模与更高的劳动力素质，而根据前文的实证结果，这些因素也有可能导致产生较强的人力资本外部效应。所以，我们将在实证模型中进一步控制城市规模、劳动力受教育情况这些会影响城市人力资本外部性形成的因素。具体办法是，将城市规模（Pop_j）、城市规模与城市人资本的交互项（$H_j Pop_j$）、个人受教育年限（Edu_{ij}）、个人受教育年限与城市人力资本的交互项（$H_j Edu_{ij}$）纳入实证模型，并得到本章最终的实证方程[①]：

$$\begin{aligned}
\ln w_{ij} = {} & c + \theta_1 H_j + \theta_2 Market_j + \theta_3 H_j Market_j + \theta_4 Pop_j \\
& + \theta_5 H_j Pop_j + \theta_6 Edu_{ij} + \theta_7 H_j Edu_{ij} + \alpha' X_{ij} \\
& + \beta' City_j + \varepsilon_{ij}
\end{aligned} \qquad (7.2)$$

---

① 由于实证模型式（7.2）中已经将城市规模（Pop_j）与个人受教育年限（Edu_{ij}）单独列出，因此，在模型式（7.2）中向量 X_{ij} 与 $City_j$ 将不再包括以上两个控制变量。

7.2.2 市场化指数的计算

如何构建样本城市的市场化指数（*Market*）是一个必须优先解决的问题。目前，关于中国问题实证研究中使用最为广泛的反映市场化改革进程的数据是由樊纲等（2001，2004，2007，2011，2016）所计算的"中国市场化指数"，该指数由 26 个细分指标构成，是目前反映中国各地区市场化相对进程最为权威的数据库。但是由于该指数是采用省级数据编制而成的，无法和城市数据实现对应的匹配，因此对于本书来说这一指标并不理想。为了解决这一问题，笔者采取的策略是根据本书的理论逻辑与研究需要编制和计算集中反映城市劳动力市场市场化相对进程的指标。

具体来说，为了体现市场化影响人力资本外部性的三种潜在路径，即人力资本的产权界定、劳动力市场的流动性与劳动力市场的竞争性，本书的城市市场化指数（*Market*）由三个二级指标所构成，分别为产权保护指数、劳动力竞争指数、劳动力流动指数。其中，产权保护指数以各城市私营与个体经济从业人员所占比重与样本城市该指标平均值的比例来表示，其计算公式为：

$$产权保护指数 = \frac{(j城市私营经济就业 + j城市个体经济就业)/j城市就业人数}{\frac{\sum_{j=1}^{n}(j城市私营经济就业 + j城市个体经济就业)/j城市就业}{n}}$$

其中，2013 年各城市私营经济、个体经济从业人员数量以及城市从业人员总量数据均来自北京、山西、辽宁、江苏、安徽、山东、河南、湖北、湖南、广东、重庆、四川、云南、甘肃 14 个省级地区的 2014 年统计年鉴。n 为城市样本数量，这里的取值为 122。该指标的取值范围为 $[0, \infty]$，取值越大，说明城市对私有产权的保护越完善。

参考亨德森（Henderson，2003）以及罗森塔尔和斯特兰奇（Rosenthal & Strange，2003）[1] 的方法，本书的劳动力竞争指数以样本城市法人单位平均规

---

① 在亨德森（2003）以及罗森塔尔和斯特兰奇（2003）的研究中，他们以一个城市的企业数/雇员数相对于整个美国的企业数/雇员数的比率来测量城市竞争的程度，为了适应本书的研究需要，我们在其基础上又进行了适当的改进。

模与各城市法人单位平均规模的比值来表示。该指标的取值范围同样为 [0, ∞]，取值越大，说明城市从业人员间的竞争越激烈，其计算公式为：

$$
劳动力竞争指数 = \frac{\sum_{j=1}^{n} j\,城市就业人数\,/\,j\,城市法人单位数量}{\dfrac{n}{j\,城市就业人数\,/\,j\,城市法人单位数量}}
$$

其中，各城市就业人数指标的数据来源与计算产权保护指数时所采用的数据相同，这里不再赘述。2013 年各城市法人单位数量的数据来源于各城市的《第三次全国经济普查主要数据公报》[①]。

劳动力流动指数以城市常住人口与城市户籍人口的相关数据来进行计算，具体的计算公式如下：

$$
劳动力流动指数 = \frac{\left| j\,城市常住人口 - j\,城市户籍人口 \right| / j\,城市户籍人口}{\dfrac{\sum_{j=1}^{n} \left| j\,城市常住人口 - j\,城市户籍人口 \right| / j\,城市户籍人口}{n}}
$$

其中，2013 年各城市的城市常住人口与户籍人口数据，均来自各省级地区发布的统计年鉴。

在得到城市劳动力市场化指数各个二级指标的具体数值后，需要确定它们在一级指标中的相对重要性（即权重）。这里我们采用主成分分析确定的权重对三个指标进行加权得到所需要的变量。产权保护指数、劳动力竞争指数、劳动力流动指数所对应的权重分别为：0.483、0.321、0.196。那么城市劳动力市场化指数的计算公式可以表示为：市场化指数 =（产权保护指数 × 0.483）+（劳动力竞争指数 × 0.321）+（劳动力流动指数 × 0.196）。表 7.2 显示了 2013 年 CHIP 城镇调查 122 个样本城市中市场化指数及其二

---

① 第三次全国经济普查的调查时间为 2013 年底，恰好与本书其他数据的时间节点相一致。需要指出的是，根据《全国经济普查条例》第六章第三十条、第三十一条之规定："各级经济普查机构应当按照国家规定发布经济普查公报"，同时，"各级经济普查机构应当认真做好普查材料的保存、管理和对社会公众提供服务等项工作……"。但是，在实际获取数据的过程中，无法通过便利的公开途径获得安徽省的池州、亳州与阜阳的第三次全国经济普查主要数据，因此，以上三个地区的劳动力竞争指数，以安徽其他城市劳动力竞争指数的平均值来代替。

级指标排名前 15 位的城市。

表 7.2 　　　　　CHIP2013 样本城市中市场化指数排名前 15 的城市

排名	城市	市场化指数	城市	产权保护指数	城市	竞争指数	城市	流动性指数
1	深圳	5.300	南通	2.601	北京	5.845	深圳	16.719
2	苏州	3.299	无锡	2.571	苏州	3.838	佛山	6.694
3	北京	3.287	宜昌	2.486	无锡	3.703	苏州	4.503
4	佛山	3.079	苏州	2.454	扬州	3.565	北京	4.454
5	无锡	2.961	镇江	2.408	沈阳	2.814	广州	4.061
6	广州	2.659	深圳	2.324	深圳	2.808	无锡	2.710
7	镇江	2.207	南京	2.111	广州	2.780	茂名	2.256
8	南京	2.165	佛山	2.060	青岛	2.683	资阳	2.173
9	扬州	2.116	广州	2.009	武汉	2.558	南京	1.975
10	南通	1.968	扬州	1.926	镇江	2.531	阜阳	1.963
11	宜昌	1.966	营口	1.920	佛山	2.405	信阳	1.894
12	武汉	1.925	盐城	1.908	南京	2.363	武汉	1.786
13	青岛	1.839	汕头	1.906	大连	2.338	郑州	1.642
14	大连	1.820	大连	1.873	宜昌	2.274	周口	1.642
15	沈阳	1.790	昆明	1.845	本溪	2.112	亳州	1.600

7.3 实证结果与分析

表 7.3 是市场化影响城市人力资本外部性的实证结果。根据表 7.3（1）列给出的估计结果，在加入城市市场化指数以及城市人力资本与城市市场化指数交互项之后，城市人力资本的回归系数迅速回落为 0.0069，且没有通过 10% 水平的显著性检验。而城市人力资本与城市市场化指数交互项的回归系数却显著为正，这意味着随着城市市场化指数的提高，城市人力资

本外部性确实表现出逐步增强的趋势。而为了进一步控制城市规模和劳动力素质对人力资本外部性所产生的影响（市场化水平较高的地区往往也有着更大的城市规模与更高的劳动力素质），在表7.3（2）列与（3）列中，我们先后在实证模型中加入了城市规模与城市人力资本的交互项，以及个人受教育与城市人力资本的交互项。可以看到，在加入以上变量之后，城市人力资本与城市市场化指数交互项的估计系数依然显著为正。同时，城市规模与城市人资本交互项、个人受教育与城市人力资本交互项的回归系数也显著为正。这也进一步表明，市场化、城市规模、劳动力素质是作为三个独立的力量来影响城市人力资本外部性的。此外，考虑到仍然有可能存在内生性问题，本书同样通过2SLS对以上实证模型重新进行了检验。从表7.3（4）列、（5）列与（6）列报告的2SLS估计结果中可以发现，除了在（5）列的结果中，城市人力资本与城市市场化指数交互项的估计系数不显著之外，其余结果均为正，且至少通过了10%的显著性检验。同时，2SLS回归系数的估计值也基本与OLS的估计结果保持了稳定。这说明，本书的估计结果在总体上是可靠的。

表7.3　　　　　　　　**市场化影响城市人力资本外部性的检验结果**

变量	(1) OLS	(2) OLS	(3) OLS	(4) 2SLS	(5) 2SLS	(6) 2SLS
城市人力资本	0.0069 (0.0315)	0.1345 (0.1471)	0.0178 (0.1510)	−0.0352 (0.0387)	−0.8105 (0.737)	−0.2296 *** (0.0810)
城市人力资本× 城市市场化指数	0.1414 *** (0.0242)	0.1681 *** (0.0387)	0.1583 *** (0.0388)	0.1491 *** (0.0245)	0.2053 (0.1440)	0.2737 * (0.1536)
城市市场化指数	0.5209 *** (0.0540)	0.5896 *** (0.0946)	0.5665 *** (0.0948)	0.5477 *** (0.0559)	0.3549 (0.3635)	0.5248 (0.3871)
城市人力资本× 城市规模		0.0231 *** (0.0087)	0.0273 *** (0.0091)		0.0314 ** (0.0128)	0.0350 *** (0.0133)

续表

变量	(1) OLS	(2) OLS	(3) OLS	(4) 2SLS	(5) 2SLS	(6) 2SLS
城市规模		0.0001 (0.0678)	−0.0106 (0.0678)		0.0859*** (0.0326)	0.0095*** (0.0034)
城市人力资本× 个人受教育年限			0.0122*** (0.0035)			0.0241*** (0.0054)
个人特质 控制变量	控制	控制	控制	控制	控制	控制
城市特征 控制变量	控制	控制	控制	控制	控制	控制
R^2或中心R^2	0.2621	0.2636	0.2645	0.2634	0.2502	0.2465
样本数量	9611	9611	9611	9611	9611	9611

注：① ***、**、*分别表示1%、5%、10%的显著性水平；②括号内数字是经过城市层面聚类调整的稳健标准误。

　　以上基于微观数据的实证结果总体上支持了我们关于市场化影响人力资本外部效应形成的理论判断。市场化程度较高的城市中，人力资本表现出了较强的外部效应。这一结论也从一个侧面进一步解释了为什么中国的城市人力资本外部性在不同的时间和空间上表现出了较大的差异。从时间的维度上来看，改革开放以来，特别是邓小平南方谈话之后，中国社会总体市场化进程的提高是有目共睹的，根据樊纲等（2001，2016）测算的中国市场化指数，1997年以来全国各省级单位的平均市场化指数已由4.01增加至2014年的6.56①。而从空间维度上来看，东、中、西部地区市场化指数也表现出逐步递减的趋势。以本书计算的市场化指数为例，东部地区样本城市市场化指数的均值为1.564，中部地区的均值为0.850，而西部地区仅

---

① 1997年中国各省级单位的平均市场化指数根据《中国市场化指数——各地区市场化相对进程2001报告》所公布的数据计算所得。2014年中国各省级单位的平均市场化指数根据《中国市场化指数——各地区市场化相对进程2016报告》所公布的数据计算所得。

为 0.790。

为了进一步检验前面结果的稳健性，我们又从四个方面进行了稳健性检验。

首先，对来自党政机关、事业单位等体制内的个人样本进行了剔除［见表 7.4（1）行］；其次，将计量模型的被解释变量换为小时工资［见表 7.4（2）行］；再其次，利用樊纲（2016）所计算的 2013 年各省级地区的市场化指数作为其地域内所有城市的市场化指数，并以这个市场化指数为基础重新构建城市人力资本与市场化指数的交互项［见表 7.4（3）行］；最后，考虑到不同产业间可能存在的异质性，本书又分别给出了利用第二产业与第三产业从业人员数据得到的回归结果［见表 7.4（4）行与（5）行］。而从表 7.4 显示的稳健性检验结果中可以看到，与原模型的估计结果相比，虽然各稳健性检验中，城市人力资本与市场化指数交互项的回归系数有所波动，但均至少在 5% 的显著性水平为正。这些结果都进一步说明本书的上述研究结论是稳健的。

表 7.4　　　　　　　　　　　　**稳健性检验**

项　　目	城市人力资本 × 城市市场化指数的 2SLS 回归系数
（1）剔除体制内样本后的估计结果	0.1405 *** （0.0244）
（2）被解释变量为小时工资的估计结果	0.1776 ** （0.0832）
（3）更换市场化指数计算方法后的估计结果	0.1828 ** （0.0839）
（4）第二产业数据的估计结果	0.1957 *** （0.0518）
（5）第三产业数据的估计结果	0.0947 *** （0.0278）

注：① *** 、 ** 分别表示 1% 、5% 的显著性水平；②括号内数字是经过城市层面聚类调整的稳健标准误。

7.4 市场化影响城市人力资本外部性的
路径：初步的经验证据

　　理论分析中，本书认为人力资本的产权界定、劳动力流动与劳动力竞争性是市场化影响人力资本外部性的三种潜在路径。为了对以上三个路径进行考察，笔者将市场化指数中的三个二级指标（产权保护指数、劳动力流动指数、劳动力竞争指数）与城市人力资本的交互项引入计量方程。如果以上三种路径成立，那么它们各自对应的交互项也会得到显著为正的回归系数。但是，当本书把三个二级指标及其与城市人力资本的交互项引入计量方程时却发现［见表7.5的（4）、（8）列］，只有劳动力流动与城市人力资本的交互项显著为正，而其余两个核心解释变量均没有得到与预期相一致的估计结果。通过对数据间的内部结构进行更为细致地观察后，我们发现，产权保护指数与劳动力竞争指数间的相关性为0.638，这就使得这两者与城市人力资本交互项的相关系数也是高度相关的（相关系数高达0.744）。这意味着把这两个变量同时引入模型会造成严重的多重共线性，而这很有可能是导致实证结果与预期不符的重要原因。因此，为了克服多重共线性所引起的估计偏误，本书又采用分步回归的办法，逐个将反映三种影响路径的核心解释变量纳入实证模型，结果可见表7.5的（1）~（3）列。可以看到，在采取分步回归之后，产权保护指数、劳动力竞争指数、劳动力流动指数与城市人力资本交互项的回归系数分别达到0.0585、0.1017、0.1272，且均通过了至少5%的显著性检验。同时，本书也报告了工具变量回归的估计结果［见表7.5的（5）~（8）列］，且2SLS回归与OLS回归的结果是基本一致的。上述结果表明，明晰且受到保护的人力资本产权、劳动力流动性的增大、劳动力间竞争性的提高均有助于增强人力资本的外部效应，这也进一步印证了本书关于市场化对人力资本外部性影响路径的理论推断。

表 7.5　市场化影响人力资本外部性的路径

变量	(1) OLS	(2) OLS	(3) OLS	(4) OLS	(5) 2SLS	(6) 2SLS	(7) 2SLS	(8) 2SLS
城市人力资本	0.1485*** (0.0291)	0.0097 (0.0325)	0.0442 (0.0302)	0.0085 (0.0329)	0.1461*** (0.0344)	-0.0386 (0.0398)	-0.0101 (0.0364)	-0.0743* (0.0393)
城市人力资本× 产权保护指数	0.0585** (0.0294)			-0.0506 (0.0339)	0.0588** (0.0296)			-0.0544 (0.0349)
产权保护指数	0.1928** (0.0861)			-0.1643* (0.0972)	0.1939** (0.0864)			-0.1861* (0.0993)
城市人力资本× 竞争指数		0.1017*** (0.0181)		-0.0046 (0.0281)		0.1055*** (0.0183)		0.0090 (0.0308)
竞争指数		0.4147*** (0.0421)		0.1348* (0.0704)		0.4308*** (0.0439)		0.1796** (0.0720)
城市人力资本× 劳动力流动指数			0.1272*** (0.0138)	0.0889*** (0.0198)			0.1326*** (0.0140)	0.0840*** (0.0198)
劳动力流动指数			0.3638*** (0.0341)	0.2705*** (0.0518)			0.3801*** (0.0347)	0.2573*** (0.0530)
个人特质变量	控制	控制	控制	控制	控制	控制	控制	控制
城市控制变量	控制	控制	控制	控制	控制	控制	控制	控制
R^2（中心 R^2）	0.2525	0.2612	0.2628	0.2660	0.2539	0.2625	0.2639	0.2657
样本数量	9611	9611	9611	9611	9611	9611	9611	9611

注：①***、**、*分别表示 1%、5%、10%的显著性水平；②括号内数字是经过城市层面聚类调整的稳健标准误。

7.5 本 章 小 结

　　东欧国家的历史经验以及中国自身的发展经验向我们传递出一个重要的信号，那就是在市场发育不健全的制度环境下，人力资本对经济增长及经济效率提高的促进作用可能是乏力的，而人力资本的外部效应也并不是天然可以发挥作用的，必须依赖于制度环境的建设，特别是市场经济体制的发展和完善。本书沿着阿西莫格鲁提供的思想线索，通过对中国市场化进程的回顾，从人力资本产权、劳动力流动与劳动力竞争三个角度勾勒出了市场化与人力资本外部效应之间的逻辑链条，并进一步运用 CHIP2013 的城市住户调查数据给出了市场化影响城市人力资本外部性的经验证据。研究发现：在实证考察城市人力资本外部性的计量方程中，城市人力资本与市场化指数交互项的回归系数显著为正，且在考虑到城市规模、劳动力素质的潜在影响后，这一观测结果始终是稳定的，这表明城市人力资本外部性受到市场化进程的显著影响，随着市场化指数的提高，城市人力资本外部性有明显的增强趋势。并且，从路径分析的结果上来看，市场化影响城市人力资本外部性的三个逻辑链条：界定和保护劳动力私有产权、提高劳动力流动性、增强劳动力竞争也均得到了实证结果的支持。以上研究结果有助于解释不同时间以及不同地区中国城市人力资本外部性的巨大差异。

8 研究结论、政策建议与研究展望

8.1 主要研究结论

目前，中国正处在努力推进以人为核心的新型城镇化的重要历史阶段，城市人口以及人力资本的加速集聚将是未来城市发展的主旋律。在这一过程中，如何充分发挥人的作用、如何实现城市经济的"包容式发展"，使城市发展的成果为广大城市居民所共享是一个既影响效率又关乎公平的重要命题。而城市人力资本外部性作为形成和塑造城市经济结构的一股重要力量，无疑对上述愿景的实现有着非常重要的理论意义与现实价值。但由于受到短缺经济下形成的"重物质资本，轻人力资本"思想的影响，长期以来在国外理论界受到广泛关注的人力资本外部性问题，在国内却鲜有人问津，中国经济学者在这一重要问题上是缺位的，但值得欣慰的是陆铭、刘智强等个别中青年经济学者显然注意到了这一遗憾，并围绕这一领域形成了一些基础性的研究成果，而本书希望在这些前辈的基础上、在中国特色的社会经济背景下，进一步深化对于这一领域的认识。

本书研究的主要目的致力于回答以下三个大的问题：其一，近年来，中国城市部门发生的人力资本集聚有没有形成显著的人力资本外部效应？其二，中国城市人力资本外部效应对不同劳动群体，在不同地区的影响是否是同质的？有没有"普惠"式地使不同群体和地区的劳动者受益？其三，如果人力资本外部效应在不同劳动群体和地区间存在着结构性的差异，那么引发这种差异的原因又是什么？因此，本书在对有关文献进行系统梳理的基础上，通过将中国家庭收入调查（CHIP）的个人微观数据与城市层面的数据相结合，并综合利用最小二乘回归、两阶段最小二乘回归、分位数回归与门槛效应回归等多种实证方法对上述三个大的问题进行了考察。并得到以下主要结论：

（1）大量高素质劳动力在中国城市部门的集聚确实形成了显著的人力资本外部性。本书利用CHIP2013、CHIP2007、CHIP2002的城市人口调查数据对中国城市人力资本外部性平均强度的观测结果发现，在控制了个人特质与城市特征，并使用工具变量进一步克服内生性问题的条件下，我们观测到了显著的城市人力资本外部性。总体来看，城市人力资本水平每提高1%，劳动者的月工资将上涨0.094%~0.148%。以上研究结论在考虑了粘性工资问题与劳动时间对工资水平的影响后仍然是稳健的。这说明，大量高素质劳动力在城市部门的集聚确实形成了显著的人力资本外部效应，并改善了城市部门的劳动生产率。但分时间与分地区的估计结果进一步显示，中国城市人力资本的外部效应在不同的时空上表现出了显著的差异。从时间上来看，2000年以来的中国城市人力资本外部性呈现出逐年增强的特点。从空间上来看，中国城市人力资本外部性呈现出从东向西依次递减的特点，东部地区最强，中部地区次之，西部地区最弱。各地区在不同时间上产业结构、城市发育、市场化改革上的差异可能是造成上述时空差异的重要原因。而针对人力资本外部性微观机制的实证结果表明，中国城市人力资本外部性主要是通过Jacbos外部性与"劳动力池"效应两个途径得以实现的，而MAR外部性的贡献较弱。

（2）中国城市人力资本外部性的红利并没有"普惠"式地使不同收入阶层的劳动者受益。本书利用CHIP2013数据的分位数回归结果显示，城市人力资本的外部效应在不同收入群体间并不是均衡分布的，而表现出了巨大的结构性分化。基于户籍人口的实证结果说明，收入水平越高，人力资本的外部性越强，工资收入最高的10%阶层的城市人力资本工资溢价是工资收入最低的10%阶层的4倍左右。而不同收入劳动者在劳动力素质、工作行业上的差异，以及各种制度壁垒所形成的劳动力市场分割是造成人力资本外部效应出现收入阶层分化的重要诱因。虽然在考虑到劳动力间不完全替代效应对城市流动人口的影响后，低收入群体的获益能力有所增强，但是并不能从根本上改变城市人力资本外部性对高收入群体更有利的基本趋势。需要强调的是，虽然城市人力资本外部性的这种不均衡分布暗含着加剧城市内部收入差距扩大的潜在趋势，但是从经济效率上来看这是一种典型的"帕累托改进"，并没有任何收入群体的劳动者受到城市人力资本"负外部性"的诅咒。

（3）城市规模是人力资本外部性的重要条件约束，在不同的城市规模下人力资本外部性的形成机制有着显著的差异。本书利用CHIP2013数据的门槛效应回归结果显示，从总体上来看，随着城市规模的扩大，城市人力资本外部性确实表现出了逐步增强的趋势。但从产业异质性的角度来看，以上趋势主要是通过第三产业人力资本外部性的增强来推动的，第二产业的人力资本外部性不仅没有随着城市规模的扩大而增强，反而逐渐减小。而从人力资本外部性的三种微观机制来看，城市规模与多数微观机制间也没有像传统城市经济学理论预期的那样表现出城市规模越大外部性越强的简单趋势。事实上，只有人力资本的Jacbos外部性随着城市规模的扩大表现出边际递增的特点；并且人力资本Jacobs外部性的形成需要比较高的城市规模门槛，在达到必要的城市规模门槛之前，劳动力市场的多元化并不利于劳动效率的改进。人力资本集聚的MAR外部性会随着城市规模的扩大而递减，人口规模在525万人以上的城市不能观测到显著的MAR外部性。而"劳动力池"外部效应随着城市规模的扩大总体上表现出类似于倒U形的变化趋势。

（4）人力资本的外部效应并不是天然可以发挥作用的，而必须依赖于制度环境的建设，特别是市场经济体制的发展和完善。实证结果发现，城市人力资本与市场化指数交互项的回归系数显著为正，且在考虑到城市规模、劳动力素质的潜在影响后，这一观测结果始终是稳定的，这表明城市人力资本外部性受到市场化进程的显著影响，随着市场化指数的提高，城市人力资本外部性有明显的增强趋势。而界定和保护劳动力私有产权、提高劳动力流动性、增强劳动力竞争是市场化影响人力资本外部性的主要途径。

8.2 政 策 建 议

8.2.1 强化公共财政对教育事业的支持力度

人力资本外部性得以证实的首要政策意义在于，它明确了政府部门在公共教育领域需要承担的责任以及承担这种责任的必要性。从教育的总体产出上来看，劳动者个人所获得的私人回报，可能只是教育总体产出的一部分（甚至有可能不是大部分），另外一部分产出则是教育所产生的社会回报。而教育的社会回报就是通过人力资本外部性来实现的。因此，在市场失灵的情况下，如果只按照劳动者个人的理性决策来决定教育投入，那么教育投入的实际水平将会远低于社会收益最大化时的均衡解。这也就意味着，政府部门基于公众利益应该承担起保障公共教育投入的责任。特别是对于当下的中国来说，在产业结构深度转型、经济发展方式发生深刻变革的背景下，公共财政加大对教育事业的支持力度就显得尤为迫切。虽然近20年来国民的受教育水平有了长足的进步，但是与发达国家相比中国的劳动力平均受教育水平还有很大的差距。中国早在1993年就提出要在2000年实现国家财政性教育经费占国内生产总值4%的目标，但直到2013年该目标才得以实现。而4%仅仅是世界衡量一个国家教育水平的基础线，换句话说，我们仅仅刚刚及格而已。与欧美国家这些中国经济未来最主要的竞争对手相比，中国公共财政对教育的支出还远远不够。虽然在短时间内加大对教育的投入，不可避免地会造成局部地区技术工人的结构性过剩或部分人才外流，但中国的古语讲"十年树木，百年树人"，人力资本的自然属性决定了它的形成和积累是一个漫长的过程，目前的人力资本积累水平至少决定了未来10~20年中国技术能力和产业结构可以达到的"天花板"。所以，在教育投入的问题上中国的决策部门应该有足够长远的战略眼光，切不可因为目前一些人鼓吹的"教育过度论"而放缓对教育事业的公共投入。

8.2.2　切实提高低收入群体从人力资本外部性中的获益能力

虽然人力资本的集聚在中国城市形成了显著的人力资本外部效应，但是人力资本外部性在不同劳动群里间的分布差异限制了其对城市居民福利改善的潜在贡献，并暗含着加剧城市居民收入分化的客观趋势。为了减弱这一趋势可能产生的破坏性能量，实现城市化过程中的包容式发展，需要从以下方面加以着手。

（1）政府部门有义务继续加强针对低收入群体的职业技能培训投入，并进一步改革职业技能培训的方式方法。一方面，要优化职业教育培训的内容，在突出专业技能的同时，也要强化基础性知识与能力在教育培训中所占的比重，以增强低收入群体对外部性知识的理解与学习的能力。另一方面，要完善职业教育培训平台的布局与结构，利用国家发展"互联网＋"的重要机遇期，加快建立职业技能培训的网络平台，开展针对低收入群体的职业技能网络培训，通过这种方式来拓宽低收入群体获得外部性知识的公益性渠道，降低低收入群体共享知识与技能的成本。

（2）企业部门应该积极创新人力资本外部性的形成模式，增加高技能工人与普通工人沟通与交流的机会，促进知识和技能跨企业、跨行业实现交流与共享。目前国内一些制造企业正在试点的"现代学徒制"就是增强人力资本外部效应的一种有益尝试。此外，在目前企业人力资本投资普遍具有"搭便车"的倾向时，企业对普通工人进行专有人力资本投资将面对"集体行动的困境"。所以扩大企业对普通工人进行人力资本投资的一个关键问题在于，如何通过机制创新来有效解决外部性收益内部化的问题。一个可行的建议是，各城市的主要行业应该在政府的协调下，成立一个本行业第三方的职工培训机构，该机构可以按照谁受益谁出资的原则，由政府和行业协会共同出资筹办，本行业企业的职工可以优惠但是有偿地参加培训。这样一来就在整体行业可以获利的情况下，把专用人力资本投资的成本平均分摊到每一个企业，从而解决外部性的问题。

（3）进一步推进城市劳动力市场市场化改革，不仅要打破各种制度性与非制度性的市场进入壁垒，还要积极培育更具包容性的城市文化，提高低收入群体在社会经济活动中的参与度，增加低收入群体与高收入群体的交流频率与沟通质量。一方面，各地要积极加快户籍制度以及与户籍制度相挂钩的就业、医疗、教育、住房、社会保障制度的改革步伐，彻底打破限制低收入劳动者自由流动的制度樊篱；改革国有企业与公共服务部门依然存在着"同工不同酬"或按"身份等级"分配薪酬的劳动分配制度，建立公平、有序的劳动力市场竞争秩序。另一方面，城市政府要以包容性发展为基础，为增加低收入群体、进城农民的心理认同感与身份认同感创造条件，以此来破除城市文化等非制度性壁垒对人力资本外部性形成所造成的羁绊。

8.2.3 城市化要按照市场规律的要求"因势利导，因地制宜"

2013年中共中央城镇化经济会议明确提出，要遵循规律，因势利导，使城镇化成为一个顺势而为，水到渠成的经济发展过程。这里说的"遵循规律"，首先指的就是，要坚持市场在资源配置中的决定性作用，防止由于计划者的自负，而人为地扭转城市化过程中人力资本、劳动力等生产要素的流动方向。而从充分发挥人力资本外部性红利的角度来看，中国的城市化政策至少在以下方面还有待调整：

（1）为了充分发挥大城市在人力资本外部性等集聚经济方面的规模优势，应该放弃并有序取消对大城市和特大城市规模的行政限制。目前中国的城市化发展依然在"严格控制特大城市的人口规模"。但从国际经验来看，即使在美国、加拿大这些城市化水平在80%以上的国家，人口仍然在向大城市不断集聚，一些国际性大都市如纽约、多伦多的人口仍然在增加。因为，从总体上来看，城市的规模越大，它的人力资本的外部性就越强，同样学历的劳动力在大城市就会有更高的生产效率和工资收入，这是人口不断向大城市集聚的重要原因。同时，这种集聚在经济上是有效率的，是符合帕累托改进的。当然，有一种声音认为，大城市和特大城市规模的不断扩张会带来拥堵、污染、社会治安等"城市病"。但是从发达国家的发展经验上来看，城市规模与"城市病"之间并不是严格正相关的，很多西方国家的城市规模越来越大，但是环境却改善了，从这个角度来看，"城市病"产生的原因应该是城市管理能力滞后的结果。因此，严格控制大城市的规模应该不是顺应市场规律的一个明智选择。

（2）严格禁止人为的"造城运动"。与严格限制大城市规模相对的另外一个政策性极端是，近些年来，很多中小城市政府为了追求鲜艳的城市化统计数字和地方政府利益，违背市场规律，人为地推动了许多大规模的造城运动。这种行为，忽视了一个最为重要的经济学道理，那就是人才是整个生产过程中的核心和灵魂，而人力资本的集聚以及随之所产生的人力资本外部性才是城市发育与繁荣的重要源泉。为了城市化而进行的城市化，对劳动者特别是高人力资本的劳动者来说往往是没有吸引力的，也就更谈不上人力资本外部性的产生和形成。而要想根本上杜绝这种"摊大饼"式的造城运动，需要从以下方面进行制度完善：首先，城市发展方式要从"大干快上"转为"深度挖潜"。通过城市建设用地的"减量瘦身"，倒逼城市功能的提升。原则上要更为审慎地对待新增建设用地的审批，以盘活存量、做优增量、提高质量为原则，为居民提供更高品质的城市空间和更周到的城市公共服务，以此来提高城市对各种人才的吸引力。其次，通过创新地方官员的政绩考核体系，树立理性的政绩导向和科学合理的城市化发展方向。最后，要建立和完善城市规划、城市建设的官员问责机制。对于盲目拍板、大搞政绩工程的官员必须问责。大型地方项目应该施行终身追责制，设置防止以个人短期政绩牺牲地区长远利益的制度防火墙。

（3）考虑到城市规模对不同产业人力资本外部性的异质性影响，城市发展战略的选择必须因势利导、因地制宜地考虑到人力资本产业分布特征所构成的条件约束。对于以现代服务业为主体的多元化产业结构发展比较充分的地区，更适合采用大城市优先发展的城市化战略。但在发展过程中必须合理进行城市规划，严格控制城市的经济密度过度膨胀，同时要加强交通、通信等城市基础设施建设，防止就业密度过大产生的"拥挤效应"成为城市经济发展过程中的绊脚石。而对于劳动力市场发展比较单一的地区（特别是以矿产资源密集型城市、以制造业为主要产业形态的城市），应该避免城市规模的盲目扩大。那种不考虑地区人力资本的产业分布特征，偏执地迷信于大城市的集聚效应而盲目进行的过度扩张，不但不能提高城市的整体经济效率，反而可能会发生南辕北辙的政策效应，导致人力资本"集聚不经济"的发生。

8.3 研究展望

本书在一个微观的视野下，通过运用中国家庭金融调查（CHIP）的个人微观数据与手工搜集、计算的城市特征数据，综合测量了中国城市人力资本外部性的平均强度、主要作用机制及其在不同时空、不同群体间的异质性特征，并从不同角度找出了这种异质性特征的缘起和成因。坦率而言，本书涉及的部分理论分析和研究视角仍属于尝试性的探索，整体而言更侧重于实证性质的经验性研究。并且囿于数据样本的局限，仍有进一步深入的空间，这主要集中在以下两个方面：

（1）受制于大型微观跟踪调查的缺失，目前国内在该领域下的研究（包括本书）采用的都是微观截面数据，虽然我们可以通过加入城市特征变量和工具变量回归的方法来尽可能控制城市不可观测特质对估计结果造成的偏误，但是劳动者个人层面的遗漏变量问题，仍然有可能对估计结果造成一定的影响。而如果采用微观面板数据则可以比较好地解决这一问题，但是国内目前尚没有适宜的微观数据库可供选择。而可喜的是，随着中国学术界对第一手调查数据的日益重视，这一问题在不远的将来有望得到解决。届时中国城市人力资本外部性的研究将打开一扇新的大门。

（2）本书在城市规模、市场化对人力资本外部性影响机制的理论分析上，主要采用的是说理性质的分析和讨论。虽然这种方式可以从总体上概括出整个逻辑框架的主要线条，但是，基于经验的判断仍有可能忽视一些研究者在直觉上注意不到的重要细节。因此，未来应该进一步探索如何在一个更为严格、规范的理论框架下用数学的语言补充和完善城市规模、市场化对城市人力资本外部性影响的数理推导过程。

参 考 文 献

[1] [美] 保罗·塞缪尔森, 威廉·诺德豪斯. 经济学 (第19版) [M]. 北京: 商务印书馆, 2013.

[2] 蔡昉, 都阳, 王美艳. 劳动力流动的政治经济学 [M]. 上海: 上海三联书店, 2003.

[3] 蔡昉. 中国经济增长如何转到全要素生产率驱动型 [J]. 中国社会科学, 2013 (1): 56 - 71.

[4] 陈斌开, 张川川. 人力资本和中国城市住房价格 [J]. 中国社会科学, 2016 (5): 43 - 64.

[5] 陈良文, 杨开忠, 沈体雁, 等. 经济集聚密度与劳动生产率差异: 基于北京市微观数据的实证研究 [J]. 经济学季刊, 2008, 8 (1): 99 - 114.

[6] 陈强. 高级计量经济学及 Stata 应用 [M]. 北京: 高等教育出版社, 2010.

[7] 陈云松, 张翼. 城镇化的不平等效应与社会融合 [J]. 中国社会科学, 2015 (6): 78 - 95.

[8] 崔建华. 论我国人力资本产权制度缺陷、影响及其制度创新思路——以计划经济和转轨期为例 [J]. 经济评论, 2007 (1): 37 - 43.

[9] 段成荣, 吕利丹, 邹湘江. 当前我国流动人口面临的主要问题和对策——基于 2010 年第六次全国人口普查数据的分析 [J]. 人口研究, 2013, 37 (2): 17 - 24.

[10] 段成荣, 杨舸, 张斐, 等. 改革开放以来我国流动人口变动的九大趋势 [J]. 人口研究, 2008, 32 (6): 30 - 43.

[11] 樊纲，王小鲁.中国市场化指数——各地区市场化相对进程2016年报告 [M].北京：经济科学出版社，2016.

[12] 傅十和，洪俊杰.企业规模，城市规模与集聚经济 [J].经济研究，2008（11）：112 - 125.

[13] 高虹.城市人口规模与劳动力收入 [J].世界经济，2014（10）：145 - 164.

[14] 何建武.城市规模与城市产业结构的关系研究 [J].经济与管理研究，2015，36（8）：85 - 90.

[15] 侯风云.中国人力资本投资与城乡就业相关性研究 [M].上海：上海三联书店、上海人民出版社，2007.

[16] 江小涓.服务业增长：真实含义，多重影响和发展趋势 [J].经济研究，2011（4）：4 - 14.

[17] 焦斌龙，焦志明.中国人力资本存量估算：1978—2007 [J].经济学家，2010（9）：27 - 33.

[18] 柯善咨，向娟.1996—2009 年中国城市固定资本存量估算 [J].统计研究，2012（7）：19 - 24.

[19] 柯善咨，赵曜.产业结构，城市规模与中国城市生产率 [J].经济研究，2014（4）：76 - 88.

[20] 李海峥，贾娜，张晓蓓.中国人力资本的区域分布及发展动态 [J].经济研究，2013（7）：49 - 61.

[21] 李海铮.中国人力资本报告2015 [R].中央财经大学中国人力资本与劳动经济研究中心研究报告，2015.

[22] 李天健，侯景新.中国人力资本的空间集聚与分布差异 [J].世界经济文汇，2015（3）：104 - 117.

[23] 梁婧，张庆华，龚六堂.城市规模与劳动生产率：中国城市规模是否过小？——基于中国城市数据的研究 [J].经济学，（季刊），2015（2）：1053 - 1072.

[24] 梁琦，钱学锋.外部性与集聚：一个文献综述 [J].世界经济，2007，30（2）：84 - 96.

［25］梁琦. 产业集聚论［M］. 北京：商务印书馆，2004.

［26］梁文泉，陆铭. 城市人力资本的分化：探索不同技能劳动者的互补和空间集聚［J］. 经济社会体制比较，2015（3）：185 – 197.

［27］梁文泉，陆铭. 后工业化时代的城市：城市规模影响服务业人力资本外部性的微观证据［J］. 经济研究，2016（12）：56 – 71.

［28］林毅夫. 新结构经济学［M］. 北京：北京大学出版社，2012.

［29］刘生龙. 教育和经验对中国居民收入的影响——基于分位数回归和审查分位数回归的实证研究［J］. 数量经济技术经济研究，2008，25（4）：75 – 85.

［30］刘生龙. 人力资本的溢出效应分析［J］. 经济科学，2014（2）：79 – 90.

［31］刘士杰. 人力资本、职业搜寻渠道、职业流动对农民工工资的影响［J］. 人口学刊，2011（5）：16 – 24.

［32］刘修岩. 集聚经济与劳动生产率：基于中国城市面板数据的实证研究［J］. 数量经济技术经济研究，2009（7）：109 – 119.

［33］刘学军，赵耀辉. 劳动力流动对城市劳动力市场的影响［J］. 经济学，（季刊），2009（2）：693 – 710.

［34］陆铭，高虹，佐藤宏. 城市规模与包容性就业［J］. 中国社会科学，2012（10）：47 – 66.

［35］陆铭，向宽虎，陈钊. 中国的城市化和城市体系调整：基于文献的评论［J］. 世界经济，2011（6）：3 – 25.

［36］陆铭. 玻璃幕墙下的劳动力流动——制度约束、社会互动与滞后的城市化［J］. 南方经济，2011（6）：23 – 37.

［37］陆铭. 大国大城——当代中国的统一、发展与平衡［M］. 上海：上海人民出版社，2016.

［38］吕世斌. 城市化会减少中国的收入差距吗［J］. 统计研究，2016，33（1）：87 – 94.

［39］钱雪亚. 人力资本水平方法与实证［M］. 北京：商务印书馆，2011.

［40］孙景尉．基于损耗的人力资本估算［J］．中国人口科学，2005 (2)：61 -67.

［41］孙久文，张超磊，闫昊生．中国的城市规模过大么——基于273 个城市的实证分析［J］．财经科学，2015 (9)：76 -86.

［42］孙三百．城市移民收入增长的源泉：基于人力资本外部性的新解释［J］．世界经济，2016，39 (4)：170 -192.

［43］孙文凯，白重恩，谢沛初．户籍制度改革对中国农村劳动力流动的影响［J］．经济研究，2011 (1)：28 -41.

［44］孙祥栋，郑艳婷，张亮亮．基于集聚经济规律的城市规模问题研究［J］．中国人口资源与环境，2015，25 (3)：74 -81.

［45］孙晓华，郭玉娇．产业集聚提高了城市生产率吗?［J］．财经研究，2013，39 (2)：103 -112.

［46］吴振球，王建军，李华磊．改革开放以来经济增长方式渐进式转换：测度、源泉及其差异［J］．数量经济技术经济研究，2014 (6)：3 -19.

［47］熊会兵，邓新明，肖文韬．人力资本产权效应与经济增长的实证分析［J］．中国工业经济，2007 (9)：55 -61.

［48］许岩，尹希果．技术选择："因势利导"还是"适度赶超"?［J］．数量经济技术经济研究，2017 (8)：51 -67.

［49］许岩，曾国平，曹跃群．市场化改革对人力资本外部性的影响研究［J］．重庆大学学报 (社会科学版)，2017 (5)：31 -42.

［50］许岩，曾国平，曹跃群．中国人力资本与物质资本的匹配及其时空演变［J］．当代经济科学，2017 (2)：21 -30.

［51］许岩，曾国平，尹希果．中国城市人力资本外部性的收入阶层分布［J］．经济科学，2017 (2)：18 -31.

［52］颜鹏飞，王兵．技术效率、技术进步与生产率增长：基于 DEA 的实证分析［J］．经济研究，2004 (12)：55 -65.

［53］杨云彦，徐映梅，向书坚．就业替代与劳动力流动：一个新的分析框架［J］．经济研究，2003 (8)：70 -75.

［54］岳希明，任若恩．测量中国经济的劳动投入：1982—2002［J］．经

济研究, 2006 (4): 16 - 28.

[55] 张军, 章元. 对中国资本存量 K 的再估计 [J]. 经济研究, 2003 (7): 35 - 43.

[56] 张五常. 中国的经济制度 [M]. 北京: 中信出版社, 2009.

[57] 张永丽, 刘富强. 劳动力流动对流动者人力资本形成的效应探析 [J]. 人口与经济, 2010 (1): 27 - 33.

[58] 章莉, 李实. 中国劳动力市场就业机会的户籍歧视及其变化趋势 [J]. 党政视野, 2016 (3): 61.

[59] 赵勇, 魏后凯. 城市人力资本外部性测度方法研究进展与展望 [J]. 经济学动态, 2013 (9): 60 - 69.

[60] 中国经济增长前沿课题组. 中国经济增长的低效率冲击与减速治理 [J]. 经济研究, 2014 (12): 4 - 17.

[61] 钟笑寒. 劳动力流动与工资差异 [J]. 中国社会科学, 2006 (1): 34 - 46.

[62] 周黎安. 中国地方官员的晋升锦标赛模式研究 [J]. 经济研究, 2007 (7): 36 - 50.

[63] 周其仁. 公有制企业的性质 [J]. 经济研究, 2000 (11): 36 - 50.

[64] Acemoglu D, Angrist J. How large are human-capital externalities? Evidence from compulsory-schooling laws [M]. NBER Macroeconomics Annual 2000, MIT Press, 2001.

[65] Acemoglu D, Autor D. Skills, tasks and technologies: Implications for employment and earnings [J]. Handbook of Labor Economics, 2011 (4): 1043 - 1171.

[66] Acemoglu D, Gallego F A, Robinson J A. Institutions, human capital, and development [J]. Annu. Rev. Econ, 2014, 6 (1): 875 - 912.

[67] Acemoglu D. Why do new technologies complement skills? Directed technical change and wage inequality [J]. Quarterly Journal of Economics, 1998 (2): 1055 - 1089.

[68] Alberto D, Guido de B. Production and consumption externalities of human capital: an empirical study for Italy [J]. Journal of Political Economy, 2007,

118 (10): 536 – 598.

[69] Alonso-Villar O. Urban agglomeration: Knowledge spillovers and product diversity [J]. The Annals of Regional Science, 2002, 36 (4): 551 – 573.

[70] Au C C, Henderson J V. Are Chinese Cities Too Small? [J]. The Review of Economic Studies, 2006, 73 (3): 549 – 576.

[71] Bayer P, Ross S, Topa G. Place of Work and Place of Residence: Informal Hiring Networks and Labor Market Outcomes [R]. National Bureau of Economic Research, 2005.

[72] Becker G S, Lewis H G. On the Interaction between the Quantity and Quality of Children [J]. Journal of Political Economy, 1973, 81 (2): S279 – S288.

[73] Berry C R, Glaeser E L. The divergence of human capital levels across cities [J]. Papers in Regional Science, 2005, 84 (3): 407 – 444.

[74] Brascoupe C, Glaeser E L, Kerr W R. What causes industry agglomeration? Evidence from coagglomeration patterns [J]. The American Economic Review, 2010, 100 (3): 1195 – 1213.

[75] Bratti M, Leombruni R. Local human capital externalities and wages at the firm level: Evidence from Italian manufacturing [J]. Economics of Education Review, 2014, 41: 161 – 175.

[76] Chang C F, Wang P, Liu J T. Knowledge spillovers, human capital and productivity [J]. Journal of Macroeconomics, 2016, 47: 214 – 232.

[77] Charlot S, Duranton G. Communication externalities in cities [J]. Journal of Urban Economics, 2004, 56 (3): 581 – 613.

[78] Christian M S. Human capital accounting in the United States: Context, measurement, and application [M]. Measuring Economic Sustainability and Progress. University of Chicago Press, 2014.

[79] Ciccone A, Peri G. Identifying human-capital externalities: Theory with applications [J]. The Review of Economic Studies, 2006, 73 (2): 381 – 412.

[80] Combes P P, Duranton G, Gobillon L. Spatial wage disparities: Sorting matters! [J]. Journal of Urban Economics, 2008, 63 (2): 723 – 742.

[81] Dalmazzo A, De Blasio G. Where do human capital externalities end up? [M]. Banca d'Italia, 2005.

[82] Dong X, Zhang L. Economic transition and gender differentials in wages and productivity: Evidence from Chinese manufacturing enterprises [J]. Journal of Development Economics, 2009, 88 (1): 144 – 156.

[83] Duranton G, Puga D. Diversity and specialisation in cities: why, where and when does it matter? [J]. Urban Studies, 2000, 37 (3): 533 – 555.

[84] Duranton G, Puga D. Micro-foundations of urban agglomeration economies [J]. Handbook of Regional and Urban Economics, 2004, 4: 2063 – 2117.

[85] Eeckhout J, Pinheiro R, Schmidheiny K. Spatial sorting [J]. Journal of Political Economy, 2014, 122 (3): 554 – 620.

[86] Ehrlich I. On the relation between education and crime [M]. Education, income, and human behavior. NBER, 1975.

[87] Fajnzylber P, Lederman D, Loayza N. What causes violent crime? [J]. European Economic Review, 2002, 46 (7): 1323 – 1357.

[88] Feddersen T J, Pesendorfer W. The swing voter's curse [J]. The American Economic Review, 1996 (3): 408 – 424.

[89] Feldman M P, Audretsch D B. Innovation in cities:: Science-based diversity, specialization and localized competition [J]. European Economic Review, 1999, 43 (2): 409 – 429.

[90] Feldman M P, Audretsch D B. Innovation in Cities: Science-based Diversity, Specialization and Localized competition [J]. European Economic Review, 1999, 43 (2): 409 – 429.

[91] Florida R. Bohemia and Economic Geography [J]. Journal of Economic Geography, 2002, 2 (1): 55 – 71.

[92] Fu S. Smart café cities: Testing human capital externalities in the Boston metropolitan area [J]. Journal of Urban Economics, 2007, 61 (1): 86 – 111.

[93] Glaeser E L, Kolko J, Saiz A. Consumer city [J]. Journal of Economic Geography, 2001, 1 (1): 27 – 50.

［94］ Glaeser E L, Lu M. Human Capital Externalities in China ［R］. Harvard University and Shanghai Jiaotong University Working Paper, 2014.

［95］ Glaeser E L, Ponzetto G A M, Tobio K. Cities, skills and regional change ［J］. Regional Studies, 2014, 48 (1): 7 –43.

［96］ Glaeser E L, Resseger M G. The Complementarity between Cities and Skills ［J］. Journal of Regional Science, 2010, 50 (1): 221 –244.

［97］ Glaeser E L. Learning in cities ［J］. Journal of Urban Economics, 1999, 46 (2): 254 –277.

［98］ Greenston H, Moretti E. Indentifling Aggomeration Spillovers: Evidence from Winners and Losers of Large Plant Opening ［J］. Journal of Political Economy, 2010, 118 (10): 536 –598.

［99］ Greenstone M, Hornbeck R, Moretti E. Identifying Agglomeration Spillovers: Evidence from Million Dollar Plants ［R］. National Bureau of Economic Research, 2008.

［100］ Hansen B E. hreshold Effects in Non-dynamic Panels: Estimation, Testing and Inference ［J］. Journal of Econometrics, 1999, 93 (2): 345 –368.

［101］ Hanushek E. A. Publicly provided education ［J］. Handbook of Public Economics, 2002, 4: 2045 –2141.

［102］ Helsley R W, Strange W C. Matching and Agglomeration Economies in A System of Cities ［J］. Regional Science and Urban Economics, 1990, 20 (2): 189 –212.

［103］ Henderson J V, Wang H G. Urbanization and City Growth: The Role of Institutions ［J］. Regional Science and Urban Economics, 2007, 37 (3): 283 –313.

［104］ Henderson J V. Marshall's Scale Economies ［J］. Journal of Urban Economics, 2003, 53 (1): 1 –28.

［105］ Heuermann D F. Job matching efficiency in skilled regions: Evidence on the microeconomic foundations of human capital externalities ［R］. IAAEG discussion paper series, 2011.

［106］ Jacobs J. The Economy of Cities ［M］. Vintage Books, New York,

1969.

[107] Jorgenson D W, Fraumeni B M. Investment in education and US economic growth [J]. The Scandinavian Journal of Economics, 1992, 94: S51 – S70.

[108] Jorgenson D W, Pachon A. The accumulation of human and non-human capital [M]. The Determinants of National Saving and Wealth. Palgrave Macmillan UK, 1983.

[109] Koenker R, Bassett Jr. G. Regression quantiles [J]. Econometrica: journal of the Econometric Society, 1978 (6): 33 – 50.

[110] Lange F, Topel R. The social value of education and human capital [J]. Handbook of the Economics of Education, 2006, 1: 459 – 509.

[111] Lazear E P. Globalisation and the market for team-mates [J]. The Economic Journal, 1999, 109 (454): 15 – 40.

[112] Liu Z. Human capital externalities in cities: evidence from Chinese manufacturing firms [J]. Journal of Economic Geography, 2014, 14 (3): 621 – 649.

[113] Liu Z. The external returns to education: Evidence from Chinese cities [J]. Journal of Urban Economics, 2007, 61 (3): 542 – 564.

[114] Lochner L. Education policy and crime [M]. Controlling Crime: Strategies and Tradeoffs. University of Chicago Press, 2010.

[115] Lochner L. Education, work, and crime: A human capital approach [J]. International Economic Review, 2004, 45 (3): 811 – 843.

[116] Lucas R E. Externalities and cities [J]. Review of Economic Dynamics, 2001, 4 (2): 245 – 274.

[117] Lucas R. On the mechanics of economic development [J]. Journal of Monetary Economics, 1988, 22 (1): 3 – 42.

[118] Marshall A. Principles of economics: unabridged eighth edition [M]. Cosimo, Inc. , 2009.

[119] Meng X. Labor market outcomes and reforms in China [J]. The Journal of Economic Perspectives, 2012, 26 (4): 75 – 101.

[120] Moretti E. Estimating the Social Return to Higher Education: Evidence

from Longitudinal and Repeated Cross-sectional Data [J]. Journal of Econometrics, 2004a, 121 (1): 175 –212.

[121] Moretti E. Human capital externalities in cities. [J]. Handbook of Regional and Urban Economics, 2004c, 4 (4): 2243 – 2291.

[122] Moretti E. Workers' Education, Spillovers and Productivity: Evidence from Plant-level Production Functions [J]. American Economic Review, 2004b, 94 (3): 656 – 690.

[123] Nehru V, Swanson E, Dubery A. A new database on Human Capital Stock in Developing and Indurstrial Countries: Sources, Methodology and Results [J]. Journal of Development Economics, 1995 (2): 134 – 153.

[124] Nelson R R, Phelps E S. Investment in humans, technological diffusion, and economic growth [J]. The American Economic Review, 1966, 56 (1/ 2): 69 – 75.

[125] North D C, Thomas R P. The Rise of the Western World: A New Economic History [M]. Cambridge University Press, 1973.

[126] Osborne M J, Rosenthal J S, Turner M A. Meetings with costly participation [J]. American Economic Review, 2000 (5): 927 – 943.

[127] Parkinson M, Meegan R, Karecha J. City Size and Economic Performance: Is Bigger Better, Small More Beautiful or Middling Marvellous? [J]. European Planning Studies, 2015, 23 (6): 1054 – 1068.

[128] Pigou A C. The economics of welfare [M]. Palgrave Macmillan, 2013.

[129] Porter M E. The competitive advantage of nations [J]. Harvard Business Review, 1990, 68 (2): 73 – 93.

[130] Rauch J E. Productivity gains from geographic concentration of human capital: evidence from the cities [J]. Journal of Urban Economics, 1993, 34 (3): 380 – 400.

[131] Rosenthal S S, Strange W C. Geography, industrial organization, and agglomeration [J]. The review of Economics and Statistics, 2003, 85 (2): 377 – 393.

[132] Rosenthal S S, Strange W C. The Attenuation of Human Capital Spillo-

vers [J]. Journal of Urban Economics, 2008, 64 (2): 373 - 389.

[133] Schultz T W. Investment in human capital [J]. The American Economic Review, 1961, 51 (1): 1 - 17.

[134] Wu X, Li L. Family size and maternal health: evidence from the One-Child policy in China [J]. Journal of Population Economics, 2012, 25 (4): 1341 - 1364.

[135] Xu C G. The Fundament Institutions of China's Reform and Development [J]. Journal of Economic Literature, 2010, 49 (4): 1076 - 1151.

后　记

本书得以完成，首先要感谢我的博士生导师曾国平教授，在师从曾老师五年的时间里，无论是在学习上还是在生活上都给予了我极大的帮助。在最困难的时期，如果没有曾老师一直以来的悉心教导与关爱，自己可能会在混沌中摸索更长的时间。对于曾老师的这些帮助，不是一句简单的"感谢"就可以穷尽的。其次，要感谢我的硕士生导师尹希果教授，作为我学术研究上的引路人，尹老师在学术思维和研究方法上的严格训练都使我终身受益。在本书的写作中，尹老师不辞辛劳地审阅了全稿，提出了无数重要且详细的完善建议。同时，我还要感谢曹跃群教授，曹老师在选题上提供了非常重要且具有建设性的意见。此外，还要感谢冉茂盛教授、严太华教授、黄凌云教授、陆静教授、陈其安教授在本书创作过程中提出的修改建议。

感谢北京师范大学中国收入分配研究院慷慨分享历年CHIP调查数据。感谢《经济科学》《数量经济技术经济研究》《当代经济科学》《重庆大学学报》的匿名审稿人及编辑在本书部分成果出版中所提出的建设性意见。感谢黄辉、付小鹏等诸多好友在完成本书过程中提供的无私帮助。感谢参考文献中所列的各位中外学者。当然，如果其中有所纰漏，责任全部在我。

感谢我的家人，妻子李泱泱一直是本书最执着的监督者和鼓励者，在她看来，完成是唯一的解脱之道。感谢我的父母和岳父岳母，是他们对我人生目标的充分肯定和遇到挫折时的充分理解，使我能够卸下心理包袱放手一搏。

　　最后，感谢中国波澜壮阔的经济改革历程。在过去近四十年的时间里，她是如此深刻地改变着我们这个国家，并颠覆性地改善了每个人的生活。我们受惠于她，并有责任倾自己全力去理解她并记录她，哪怕只是一个微小的片段。

　　是为后记。

许　岩

2019 年 6 月于重庆